IKISAKI,
EL DESTINO EXISTE

ExLibric

JORDI PLANES

IKISAKI,
EL DESTINO EXISTE

EXLIBRIC
ANTEQUERA 2025

IKISAKI, EL DESTINO EXISTE
© Jordi Planes
Diseño de portada: Dpto. de Diseño Gráfico Exlibric

Iª edición

© ExLibric, 2025.

Editado por: ExLibric
c/ Cueva de Viera, 2, Local 3
Centro Negocios CADI
29200 Antequera (Málaga)
Teléfono: 952 70 60 04
Fax: 952 84 55 03
Correo electrónico: exlibric@exlibric.com
Internet: www.exlibric.com

ISBN: 979-13-87707-10-1
Depósito Legal: MA-402-2025

Impresión: PODiPrint
Impreso en Andalucía – España

Nota de la editorial: ExLibric pertenece a Innovación y Cualificación S. L.

JORDI PLANES

IKISAKI,
EL DESTINO EXISTE

Dedicado a mi mujer, Judith Gabarró Curt.
A mis hijos, Janira y Eric.
A Victoria, María, Rubén y Mehdi.

Prólogo

En el transcurso de mis años como estudiante de teología, los profesores destacaban un dilema de intrincada complejidad del cual se nos advertía. Este dilema, que ha inquietado y ha hecho perder noches a numerosos pensadores a lo largo de la historia e incluso ha conducido a la pérdida de la cordura en algunos casos, aborda la cuestión de la veracidad enigmática del destino, también conocida en su dimensión teológica como «la predestinación», y cómo reconciliarla con otra verdad igualmente enigmática: la libertad humana. ¿Si existe el destino, somos verdaderamente libres? ¿O si somos libres significa que no hay destino?

En su obra, Jordi Planes aborda el tema del «destino» desde una perspectiva personal fundamentada en su experiencia, al tiempo que examina detalladamente diversas corrientes filosóficas tanto contemporáneas como antiguas. Este análisis le permite adoptar una posición propia, sólidamente fundamentada y expresada con convicción, que trasciende la mera retórica. Además, Planes llega a conclusiones que pueden resultar novedosas para el lector; en alguna alcanza una postura que yo no defendería, pero para mí esto no deja de ser interesante, porque enriquece el debate sobre el tema. Sin embargo, lo más destacable de la obra es el empeño del autor por reflexionar y expresarse con claridad, así como por ofrecer una visión positiva de la fe y de las enseñanzas de Jesús, lo cual resulta especialmente relevante para el lector.

Planes aborda el tema de Dios sin reservas. En mi experiencia, he notado que muchas personas sienten aprensión al hablar sobre lo divino, posiblemente reflejo de la época en la que vivimos. Prefieren referirse a conceptos como energía, fuerza, universo o ley. Les sugeriría que, en algún momento, contemplen el horizonte del océano o un paisaje montañoso y reflexionen sobre lo que hay detrás de todo lo que percibimos, una herencia que se remonta a milenios atrás. Los invitaría a considerar que, detrás de todo esto, en el origen de todo, no encontramos una fuerza anónima o una energía sin nombre, sino una voluntad amorosa. Les propondría reflexionar sobre la idea de que todo lo que experimentamos no es simplemente el producto de «algo», sino de «alguien». Y que esto ya es empezar a intuir y a caminar por el misterio de Dios.

Los cristianos, incluyéndome como sacerdote católico, creemos en la existencia de un destino, entendido como una voluntad divina que guía tanto al universo como a las personas hacia la felicidad y el bien. Esta convicción se fundamenta en la idea de que existe un dinamismo innato en el ser humano que lo impulsa hacia la plenitud. Sin embargo, aunque todos aspiramos a la felicidad, a menudo nos encontramos desconcertados sobre cómo alcanzarla y podemos equivocarnos en el camino.

En este contexto, es importante destacar que la creencia en el destino no implica negar la libertad humana. Por el contrario, reconocemos que los seres humanos pueden desviarse de su camino hacia la plenitud debido a sus decisiones erróneas.

El libro de Planes ofrece valiosos consejos para descubrir y seguir este camino hacia la paz y la felicidad. Es evidente que el autor ya está recorriéndolo y ha decidido compartir sus experiencias con todos nosotros. ¡Por todo eso, gracias, Jordi!

**Francesc Xavier Bisbal i Talló,
pbro. y licenciado en Teología**

Introducción

Antes de nada, quiero compartiros una reflexión: tomad buena nota de la editorial que ha creído en este libro y ha decidido publicarlo. En un tiempo donde imperan el materialismo, el hedonismo, el egoísmo y el egocentrismo, apostar por una obra que habla de Dios, de los valores y que nos invita a interiorizar para conectar con nuestra conciencia y alinearla con nuestra supraconciencia comporta un gran valor y es un signo evidente de que será una editorial que tendrá mucho que aportar. Aquellas que siguen solo los signos editoriales de la moda, de lo que vende y de lo que espera el público tienen sus días contados, puesto que no aportar valor implica carecer de valor.

Sin duda, tu alma te ha acompañado en la elección de este libro, porque no es un libro comercial, oportunista ni conspirador de las teorías *new age* que tanto encandilan a los que desean prosperidad sin ocuparse de su responsabilidad.

Si comprendiéramos el verdadero funcionamiento del universo y de la voluntad de Dios, no nos ocuparíamos tanto de lo material, sino de lo que podemos hacer con nuestra vida para aportar valor a los demás y a nosotros mismos.

La teoría sobre la existencia de un destino siempre ha generado controversias.

A lo largo de la historia, religiosos, filósofos, historiadores, científicos y pensadores han tenido entre sus objetivos la búsqueda de la naturaleza del destino. En este libro intentaremos abarcar todos los aspectos que sean susceptibles de análisis y retrospección respecto al destino. Desde las creencias religiosas hasta la ciencia, pasando por la imprescindible filosofía, en concreto nos centraremos en la figura de los estoicos, que, a mi modo de entender, son quienes predican el modelo más interesante para abordar la vida y sus tribulaciones.

Según conocemos, las primeras civilizaciones desarrollaban leyendas y tenían mitos que explicaban la función del destino. Muchas de esas visiones otorgaban al destino un carácter divino que lo hacía inalterable para los seres humanos. Las religiones también aportan diversas visiones al concepto. Así, los cristianos afirman que Dios tiene un plan para cada individuo, pero dejan un margen de acción al libre albedrío del ser humano. Los budistas lo vinculan al karma y su ley de las consecuencias. En el islam, la noción de *qadar* lo asocian con la voluntad de Dios y las acciones de los seres humanos. Si observamos, hay una confrontación entre el libre albedrío y el determinismo, aunque tanto el cristianismo como el islam otorgan cierto protagonismo al libre albedrío del ser humano en el diseño del destino.

En nuestros días encontramos mucha gente convencida de su existencia y también podemos encontrar escépticos que dudan del destino… incluso hay quienes creen en él, pero defienden el argumento de que en la era en la que estamos, la de Acuario, los seres humanos somos capaces de modificarlo a nuestro antojo aplicando la voluntad y la focalización en lo que deseamos (Jean Pierre Malet).

El término fatalismo (derivado de su raíz latina *fatum*, que significa destino) se basa en la creencia de que no contempla la libertad del ser humano y lo «condena» a un final predeterminado.

Sin duda, estamos viviendo un tiempo de transición y, como tal, muy delicado. Delicado porque facilita los juicios y los prejuicios, dando vida a la crítica y a la descalificación.

Por un lado, vivimos un momento de gran apertura mental, de mayor empatía y tolerancia, pero, por otro lado, es un momento en el que es fácil confundir la libertad con el libertinaje, la comodidad con el hedonismo y, por lo que estamos viendo, nos convertimos en una sociedad exigente en las demandas, pero sin el compromiso del esfuerzo y el sacrificio que requieren los verdaderos cambios en toda evolución.

Buscamos fórmulas para el éxito, para enriquecernos sin esforzarnos, para tener prosperidad sin pensar en lo que podemos aportar a los demás ni en la importancia del compartir. Los egos ganan la batalla a la humildad y la avaricia va ganando enteros. Hemos logrado apartar a Dios de nuestra realidad, los valores se han invertido y los pilares de la sociedad se han sacrificado en favor de los argumentos comerciales.

Hablar del bien y del mal parece un discurso desfasado. Ya ni qué decir si hablamos de las religiones, de Satanás, del pecado o del mensaje de Cristo. Pero uno de los grandes errores del materialismo y de una vida vacua es ignorar nuestro vínculo con él. Y, queramos o no, estamos condenados a repetir la historia.

Parece que los personajes de hoy rememoran los de antaño y que el becerro de oro asume otra vez el papel de icono a adorar. La verdadera religión no está enfrentada ni a la ciencia ni a la evolución. Simplemente hay que saber encajar cada pieza en su puzle. Si somos conscientes de lo que hacemos y lo hacemos desde la razón y el corazón, jamás nos encontraremos en situaciones incómodas o ante dilemas morales. Solo hemos de saber identificar qué argumentos tiene el egoísmo, qué justificaciones aduce el miedo y aprender a actuar desde el amor y el respeto a los demás.

Vivimos rodeados de falsedades, de mentiras manipuladoras, de teorías de la conspiración, de la descalificación gratuita, de los lobbies, de la avaricia y del ansia de poder. Egos elevados a la enésima potencia que son fáciles de manipular por el lado oscuro, que no está desperdiciando la oportunidad de ganar adeptos.

La dualidad y los extremos se manifiestan con más vehemencia que nunca. La búsqueda de experiencias y de placer predomina ante el compromiso y la implicación.

No quiero que este libro sea un libro más, ni que acompañe egos necesitados de reconocimiento. Quiero que abra los ojos de aquellos seres que desean descubrir una conciencia más elevada, disfrutar de la verdad y que esta les permita conectar con la humildad y, sobre todo, con el resurgimiento de la fe.

No nacemos enseñados, más bien al contrario: muchas de las cosas que nos enseñan pueden anclarnos en ideas distorsionadas, miedos o limitaciones que no deberíamos tener. Pero lo que está claro es que todos nacemos en este mundo con un propósito y que, para ello, todos disponemos de un don. Lo ideal sería que nos encaminaran a reconocer ambos aspectos y nos ayudaran a ponerlos en práctica, en lugar de generarnos dudas, miedos, prejuicios y falsas creencias que nos apartan del propósito vital. La mayoría aprendemos de los errores o después de vivir una profunda crisis. Si somos «resilientes», sabremos salir de la situación con lecciones aprendidas; si no, podemos encadenarnos a una etapa de desgracias y sufrimientos, dejándonos peor de lo que estábamos. Por eso es tan importante invertir en nosotros, en nuestra autoestima (no egoísmo), en conocer nuestro DAFO personal y mejorar todo lo que podamos mejorar.

DAFO = Debilidades, Amenazas, Fortalezas y Oportunidades.

Ahora vamos a centrarnos en el tema que nos ocupa: **el destino**.

Cuando algo nos afecta de verdad, cuando sentimos el peso de la experiencia en nuestro corazón y una presión que nos dificulta respirar, es nuestro Ser el que está a punto de cambiar de vibración. Las experiencias nos transmiten enseñanzas, pistas para modificar conductas, claves para gestionar la cotidianidad desde perspectivas distintas.

Si tenemos en cuenta que, cuando nacemos, ya sabemos que un día u otro moriremos, podríamos decir que existe un destino. Digamos que esto sería el punto de partida.

Cuando hablamos del destino y de su existencia, muchas veces nos referimos a los acontecimientos que conforman el viaje de la vida. Es decir, a aquellas experiencias que nos acompañan desde el momento de nuestro nacimiento hasta la muerte.

¿Está marcado todo lo que hemos de vivir? ¿Existe un destino que condiciona nuestra suerte? ¿Es el destino una variable absoluta o relativa?

Si observamos la quiromancia, o el arte de leer las manos, podremos ver cómo las líneas de las manos describen trazos que nos indican lo que potencialmente será de nuestras vidas, las capacidades que tenemos y el propósito que hemos venido a actuar. Los que entienden de esta materia saben que las líneas no son inmutables, sino todo lo contrario: van cambiando según sea nuestra forma de vida, las decisiones que vayamos tomando o cómo gestionemos las emociones que generan nuestras experiencias.

Solo aquellos que nada esperan del azar son dueños de su destino.

MATTHEW ARNOLD

Una reflexión de Mahatma Gandhi que me encanta recordar es:

Tus creencias se convierten en tus pensamientos, tus pensamientos se convierten en tus palabras, tus palabras se convierten en tus acciones, tus acciones se convierten en tus hábitos, tus hábitos se convierten en tu carácter y tu carácter crea tu destino.

Como si de una película de intriga se tratara, el destino es solo conocido por su creador, intuido por muchos, desconocido para la mayoría. Por mucho que nos empeñemos en decir lo contrario, el destino de cada persona está escrito. Seguramente tiene distintas formas de materializarse, y esas formas dependerán de variables como el carácter, la voluntad, la actitud…, pero el destino será el pactado, aunque el camino para lograrlo sea distinto según lo que hayamos ido eligiendo.

1

Momentos clave del destino

Enzo y su autoestima

Enzo se encontraba tirado en el suelo, sin poder moverse, sin poder controlar su voluntad. Le faltaba el aire, le faltaba espacio, le faltaba orden en sus pensamientos. Sentía que todo daba vueltas, que nada tenía sentido, que el mundo era nada. No podía llamar a nadie, no podía contárselo a nadie, porque ni él mismo sabía lo que le sucedía. Sentía como si entre latido y latido su sangre le abandonara, cubriendo el suelo de la casa, el de la calle, el de la ciudad, hasta llegar al mar. Adentrándose en los confines de sus aguas para perderse en las profundidades, buscando una Nereida a la que abrazar.

Un sudor frío le despertó. Habían pasado unas horas y seguía tendido en el suelo. No recordaba el tiempo que había permitido semejante zaherimiento…, pero fue mucho más del que hubiera deseado.

¿Era su destino? ¿Tenía que sufrir por alguna razón? ¿Acabaría convertido en un adicto a los fármacos por no controlar su sinrazón? Se dio cuenta de que había permitido una situación tan anacrónica como injusta: poner su felicidad en manos de otra persona, dejar que su autoestima dependiera de la valoración de una persona que, si lo analizaba con frialdad, jamás le había demostrado incondicionalidad.

Enzo, huérfano de amor, como si el mundo desapareciese, como si nada más tuviese sentido, pudo observar el poder de la ansiedad, su avaricia y su deseo de hundirlo todavía más. Dudó de él mismo, de su valor, de su propósito, de su realidad... y cuantas más dudas, más se apagaba, menos intensa era su respiración, menos energía necesitaba, más se recogía en sí mismo. Tanto, que le parecía volver a ser un feto, una célula, un átomo.

Sin saber el cómo ni el cuándo, despertó en la camilla de un hospital, con un suero conectado en su brazo, con medicación dentro de sus venas y una médica que se interesaba por él, como hacía tiempo que nadie lo hacía.

—¿Estoy soñando? —le preguntó.

Ella sonrió y le respondió con otra pregunta.

—¿Te gustaría estar soñando?

—No lo sé —contestó—. Depende de lo que me digas ahora. ¿Estoy bien?

Esbozó una sonrisa y su respuesta calmó sus temores.

—Se trata de vértigo, una expresión que define una sensación de angustia que resulta difícil de gestionar y que el cuerpo diseña para evitar males mayores.

—Qué vergüenza —contestó.

—¿Por qué? —replicó con un tono de comprensión que Enzo agradeció.

—Porque es como decirme que no he sabido gestionar mis emociones, como que he sucumbido a una situación que debería haber sabido evitar —comentó Enzo con un tono que rezumaba decepción.

Ella le miró fijamente, apoyó su mano en su hombro y, sin dudarlo, apostilló:

—Las emociones son como el mar. Disfrutamos de ellas cuando son favorables, pero nadie nos prepara para un tsunami.

Su reflexión complació el maltrecho orgullo de Enzo, pues pudo liberarse de la humillación que la debilidad infiere sin piedad.

Pasaron las horas, y con ellas los sueros y su malestar. Le dieron el alta y pudo regresar a casa. Al proscenio del drama que acababa de vivir. Temía que al abrir la puerta un mundo de sensaciones se precipitase sobre él sin piedad. La soledad invadía su alma y, como un huésped hostil, se había instalado en su corazón. Incapaz de concentrarse en nada, incapaz de distraerse, incapaz de meditar, de pensar, de razonar. Tenía la medicación que le habían prescrito en el hospital, pero algo dentro de él le pidió ignorarla.

El destino le había enseñado una lección y ahora le pedía actuar. Decidió distraer su mente, no dar tregua a sus pensamientos negativos, ocupar sus sentidos con el ambiente de la calle, entre el gentío, permitiendo que el rumor de sus gentes formara parte de su bullicio, de sus tribulaciones. Y así fue. La mejor meditación cuando estás angustiado es la que nace de la mano de un paseo al aire libre, sin rumbo ni destino… porque seguramente el mismo destino lo programó.

Dicen que la sabiduría se construye a base de noches de locura, no de desenfreno, sino de inspiración.

Y, como dicta el refrán, «el tiempo lo cura todo»… El tiempo curó su malestar. Pasó de la ansiedad a la rabia, de la rabia al resentimiento, y ese resentimiento al inicio le endureció, despertando el sarcasmo y la ironía en su forma de comunicar, pero sería algo pasajero, lo que durara esta etapa de crecimiento, de aprendizaje, de introspección. Puesto que ni el resentimiento ni el sarcasmo son cualidades inspiradas por el amor o la compasión y se alejan de la empatía y de la humildad.

Aprendió a vivir sin poner expectativas, a no esperar nada más que la consecuencia lógica del resultado de sus acciones. Enzo se dio cuenta de que las estrategias bien argumentadas, cargadas de objetividad y basadas en un análisis profundo de las realidades, ofrecían resultados mucho más fiables que las que se basaban en sensaciones o emociones, puesto que estas últimas estaban basadas en filtros personales, sin considerar variables que podían influir y distorsionar los resultados.

Poco después, Enzo tuvo que enfrentarse a las consecuencias de sus actitudes pretéritas o, como bien dice el refrán, «recogemos lo que cosechamos». Ergo: paciencia y resignación. Por mucho que quisiera cambiar los tiempos de respuesta o modificar las variables del destino, estas eran inmutables. Así que tocaba aprender a ser paciente, una actitud fundamental para el logro de la felicidad, puesto que nos ayuda a comprender la razón de cada momento, de cada etapa y de cada tema, permitiéndonos integrar con mayor facilidad la realidad que nos envuelve. Tocaba aprender a tomarse la vida menos en serio, a restar trascendencia a los acontecimientos, a reír de los contratiempos y a disfrutar de los buenos momentos.

Pudo darse cuenta de que el exceso de responsabilidades asumidas en la infancia daba como resultado una personalidad más cuadriculada, más exigente, más adicta al esfuerzo y, sobre todo, más sacrificada. Tocaba cambiar, y era consciente de que los cambios generaban incertezas, las incertezas creaban inseguridades y las inseguridades nutrían el miedo… que nos paraliza, impidiendo que brillemos y anclándonos en la mediocridad.

El tiempo le abrió nuevos horizontes; encontró una pareja comprensiva, de mente abierta y corazón puro, que supo acompañarlo y compartir cada momento desde el amor y la lealtad.

El destino le había arrancado de una situación de comodidad para entregarlo a una realidad que le volvería a hacer vibrar.

Y tenemos cientos, por no decir miles, de casos que nos muestran los caprichos del destino, las estrategias que dibujan rutas inverosímiles hacia destinos inimaginables, temidos o deseados.

Iradie y Joel: cuando el destino une dos almas

Lucía no había entrado en la treintena, pero tenía muy claro lo que deseaba en la vida. No creía en las relaciones fugaces. Era trabajadora, responsable y deseaba construir una familia. Ella y Joel, su novio, trabajaban en el hospital. Lucía era objeto de deseo de médicos de su servicio, y Joel era fisioterapeuta. Ambos eran agraciados, de una belleza natural y un magnetismo que se hacía notar.

Un verano, mientras Lucía doblaba en el hospital, Joel conoció a una chica en el gimnasio. Comentaban ejercicios, reían e incluso compartían retos que les daban argumentos para esforzarse más y mejorar en sus rendimientos.

Un día, Lucía y Joel tuvieron un desencuentro. Una tontería de las que acostumbran a suceder cuando se convive les hizo discutir. Parecía que el destino les había dado argumentos para poder actuar algún deseo reprimido, alguna fantasía escondida. Lucía entró de guardia afectada por la discusión. Joel se fue al gimnasio, contrariado y con ganas de soltar esa rabia que había estado reprimiendo... Allí estaba Iradie. Sus miradas se cruzaron;

durante segundos que parecieron minutos, no pudieron apartar sus miradas. Ambos sintieron algo, una sensación que recorrió sus cuerpos, acelerando sus pulsos y aumentando su transpiración. Las hormonas cumplieron su función, y el deseo conspiró con sus impulsos. Se buscaron sin decir que se buscaban, y en los vestuarios sus labios se fundieron y lo hicieron con tanto ardor que las manos buscaron refugio en sus cuerpos, coincidiendo con los espacios más suaves, más íntimos y sensibles... Ya no pudieron dejar de verse.

La química funcionó y sus vibraciones sintonizaron. Iradie llevaba tiempo deseando encontrar pareja. No era una persona instintiva ni liberal, pero cuando conectó con Joel, algo le hizo romper todos los moldes. Una vez más, el destino había actuado. Había conectado a dos seres, cumpliendo la máxima de la ley mental que nos dice que lo que deseamos, lo creamos. El tiempo los unió como pareja después de haber compartido unos meses de salidas, conversaciones y actividades en común, para finalmente sentirse tan unidos como para acabar formando una familia y teniendo hijos. Los sentimientos no tienen manual de instrucciones, son energía, y su fuerza es enorme, sobre todo cuando van alimentados por el amor.

Por eso es tan importante controlar nuestros pensamientos, depurar nuestros deseos y tener claro qué es lo que realmente queremos en nuestra vida, para qué lo queremos y el precio que estamos dispuestos a pagar por ello.

Lucía pareció comprenderlo, a pesar de pasar su duelo y preguntarse muchas cosas, comprendió que ella también había sido arquitecta de esa realidad. Recordó que muchos días se levantaba con pensamientos negativos sobre la relación que tenía con Joel, que en su inconsciente deseaba que algo pusiera fin a esa relación. Seguramente le hubiese gustado algo menos traumático, pero los hechos son proporcionales a los deseos y a la suma de los pensamientos negativos o positivos que los acompañan. El pequeño dolor que sentía cada amanecer al desear romper con Joel se acumuló para manifestarse en un acto quirúrgico determinante... y todos esos pequeños dolores se convirtieron en uno intenso.

La lección que aprendió fue la importancia de hablar de cada pequeña cosa que pudiera alejarla de otra persona, la necesidad de expresar su sentir en cada momento y lo imprescindible que era escucharse y permitirse experimentar cómo se sentía.

Cuando el destino tomó el camino más duro

Otro ejemplo de los distintos caminos del destino es el de Pedro, un joven portugués, licenciado en Biología y ejecutivo de una multinacional de la biomedicina. Después de haber celebrado una reunión en Oporto con varias docenas de médicos especialistas en Cuidados Intensivos, Pedro tuvo una reunión con su jefe, Mario. La reunión fue tensa, casi como un interrogatorio. Mario le reprochó el coste de la reunión y le amenazó con echarlo de la compañía si no lograba los objetivos.

—Si no logras los objetivos, ya puedes ir preparándote para dejar la compañía, Pedro. Piensa que tenemos miles de candidatos para tu puesto, más jóvenes que tú, con mucho más ímpetu y que lo harán por un salario muy inferior al tuyo. Así que tú mismo, no te queda mucho tiempo.

Cuando Pedro quiso responderle, Mario se dio media vuelta y desapareció. Pedro sentía que se ahogaba, en un instante le vinieron cientos de imágenes: la decepción de sus padres, la hipoteca del piso que acababa de comprar, lo que pensaría su prometida, lo que dirían sus amigos… Subió a su coche (bueno, el coche de la empresa) y, al poner la radio, solo le faltó escuchar las noticias. Hablaban de los desahucios que había habido ese mes, del incremento del paro, de la gente que no podía pagar las hipotecas y de la crisis que estaba invadiendo los mercados europeos. Diciembre de dos mil siete fue demoledor y el año dos mil ocho apuntaba a que sería todavía peor. Su pulso se aceleró, casi no podía respirar, un ataque de ansiedad se apoderó de él.

Detuvo el coche en medio del puente 25 de Abril, sobre el río Tajo, en Lisboa. Un puente precioso para una decisión nefasta. Perdió el mundo de vista, su mente estaba llena de ruido, sus pensamientos repletos de amenazas, su miedo no le permitía tomar el control… Bajó del coche, cerró la puerta, lloró con toda su frustración y, subiéndose a la estructura del puente, se dejó caer… Lo último que vio fue el mirador de Cristo Rey… Le pidió perdón y sintió que Dios lo había perdonado.

El destino enseña sus cartas y tú decides si las juegas o las cambias… Las cartas las has elegido previamente tú, al igual que las alternativas. Es fundamental cultivar una actitud positiva, resiliente, valiente, para poder decidir con claridad, sin miedo y con total confianza en lo que eres y aportas. Tu ego siempre intentará engañarte, tenerte esclavo de los miedos, reactivo… para que no actúes con tu verdadero potencial, para que no conectes con tu esencia divina. Para él, el suicidio era su victoria, porque, aunque él perezca, su victoria habría valido la pena.

Por otro lado, recuerda siempre que tus palabras generan realidades. Mario fue muy cruel y carente de empatía. Seguramente, si hubiera sabido las consecuencias de sus amenazas, se las habría ahorrado. Cuidemos nuestras palabras, nuestro tono, nuestra dureza.

La personalidad y el cambio

Las personas podemos cambiar. Discrepo de la creencia popular que sentencia que las personas no cambiamos. Si hay voluntad de cambio, se cambia. Si hay deseo de mejora, mejoramos. Si luchamos por un objetivo de forma consciente, con cuerpo, alma y pensamiento, tenemos muchas posibilidades de lograrlo. Así es la vida, un juego en el que el alma aprende a través de las experiencias del cuerpo.

El derrotismo, la actitud de víctima o la tibieza, no solo nos apartan de la prosperidad, sino que nos impiden ser quienes podríamos llegar a ser. Es cierto que son actitudes que sirven para estrategias encaminadas a la supervivencia, pero cuando nos focalizamos solamente en la supervivencia, nos convertimos en mediocres, dependientes y poco fiables. Porque el miedo vibra en la misma frecuencia que el amor y si damos de comer a uno, no queda para el otro.

La vida es una carrera constante. En realidad, no compites contra nadie, al contrario, los demás son resortes, palancas que nos ayudan en la carrera de la autosuperación. Unos lo harán desde el amor, otros desde vibraciones más bajas, pero todas las experiencias responden a la llamada de tu alma. Todo está pactado, todo está dentro del plan, ya sea como respuesta del pacto o como resultado de un karma. Y utilizo la palabra karma porque casi todo el mundo sabe lo que es, no por afinidad a ninguna creencia o filosofía.

Si no existiera el destino, Jesucristo no habría venido a la Tierra. Vino para poder interceder ante el destino de la humanidad. Un destino sujeto a las leyes de la justicia divina, y que conllevaría consecuencias muy dolorosas para el ser humano. El sacrificio del creador, encarnando para asumir las consecuencias de ese destino y librarnos del dolor que se nos iba a infringir, demuestra que hay una ley de causa y efecto, que obedece a una justicia exenta de sentimentalismos, pero que se basa en el amor más puro. La justicia es como la verdad, solo hay una, sin matices, sin variables ni interpretaciones. Nuestra justicia, la del ser humano, se adapta a las épocas, se modifica con las modas, se interpreta según la filosofía del que la aplica y raramente se acerca a la verdadera justicia. Es como el sentimentalismo. Un exceso de emociones que disfrazan el amor y lo convierten en pasiones de baja vibración (posesividad, celos, ira, idealismo, fanatismo, servilismo, dependencia emocional, impulsividad, intolerancia, etc.).

La persona sentimentalista, aparte de generar apegos y dependencias, se cree que ama de verdad, cuando en realidad enmascara sus carencias generando vínculos de dependencia y relaciones cuya intención es la de dar cobertura a sus necesidades. De ahí que cuando algo no sale según sus deseos, se enzarza en una sarta de críticas y recriminaciones.

Si realmente queremos lograr un propósito, hemos de ir paso a paso, poniendo metas que sean alcanzables, trabajando estrategias que sean asumibles y sincronizando todos nuestros sentidos en el objetivo. Cada fracaso, cada desencanto, nos dará las claves del siguiente paso. El problema no se encuentra en el hecho de equivocarnos, el problema de verdad se esconde en el no saber aprender de los errores. Si aprendemos de los errores, iremos acumulando claves para lograr el éxito. El universo tiene un lenguaje y debemos aprender a hablarlo si queremos sintonizar con su vibración.

El lenguaje del universo se basa en afirmaciones positivas, en afirmaciones que van unidas a visualizaciones, a realidades asumidas (aunque todavía no estén materializadas).

Así pues, si queremos ayudar a nuestro destino, deberemos visualizar lo que deseamos y dar las gracias por haberlo logrado (aunque no lo tengamos en ese momento), añadiendo además la frase: para bien mío y de todos, según sea la voluntad de Dios. Puede parecer una creencia religiosa, pero va más allá de la religión, va de la fe y la creencia en Dios, no un Dios humano, moralizador, castigador y castrador, como nos han transmitido desde la manipulación, ni tampoco como un Dios que lo permite todo, magnánimo y anárquico. Dios es Justicia (en mayúsculas), una forma de amor total, sin manipulación ni sentimentalismo, donde toda causa genera un efecto y donde nadie vence a nadie, sino que, por el principio del ritmo, todo se compensa y todo se equilibra.

Imagino a Dios como una energía cuya vibración lo abarca todo, y cuyo ritmo transmite su energía en todo lo que existe. No hay espacio para el origen ni para el fin, puesto que su vibración ha existido siempre y nuestra mente no está preparada para poder asimilarlo. Quizás en niveles de conciencia más elevados, nuestra configuración cerebral abarque más dimensiones y sea capaz de comprender estructuras más complejas, rompiendo conceptos limitantes y conectando con ese «campo» energético que puede aumentar de densidad a medida que crea, pero que siempre ha existido, puesto que sin él no hubiera podido haber nada ni surgir nada. El *big bang,* que al parecer ha ido reproduciéndose en diversas ocasiones, no hubiera podido darse sin la existencia de ese campo. Y dentro de ese complejísimo escenario de las galaxias que configuran el universo, hay un orden que gestiona toda la energía que gobierna desde los movimientos de un planeta, hasta el equilibrio de cada galaxia y la forma de relacionarse estas con otras galaxias… Un orden matemático, exacto y espectacular que, por pura lógica, ha de estar gestionado por una energía superior.

Y cada avance en la ciencia nos demuestra la grandeza de la creación y nos acerca a la evidencia de la existencia de una energía superior, llamémosle Dios o como queramos llamarle, pero que se caracteriza por transmitirnos conciencia, es decir, energías como el amor, como la justicia, como la compasión, como la inteligencia, como el orden, como la trascendencia… el pensamiento que nos hace preguntarnos quiénes somos, qué hacemos en este planeta, qué es el destino y nos permite elaborar filosofías de vida que apuntan a un espíritu que muchos ponen en duda, pero que sigue inspirando nuestros más elevados pensamientos. Somos capaces de crear música, de plasmar creaciones artísticas que conspiran con nuestras vibraciones más elevadas y que nos hablan de nuestra intuición, de la inspiración, de la imaginación y de la conexión con dimensiones que se nos escapan.

No generemos expectativas, la vida nos va poniendo pruebas, nos permite vivir experiencias para que pongamos en práctica nuestras habilidades y sigamos avanzando. No estamos aquí de vacaciones ni para apalancarnos. Estamos aquí para disfrutar del regalo de la vida desde el agradecimiento, la implicación y el servicio.

Necesitamos salir de nuestra mente tridimensional y abrirnos todo lo que podamos al conocimiento. La verdad nos hará libres, aunque para conectar con esas porciones de verdad, hemos de ir preparándonos, porque no estamos preparados para comprender la inmensidad de la creación. Ni siquiera para imaginarla.

Porque, ¿quién entiende que nunca hubo un inicio ni habrá un final para Dios?

Nosotros podemos ser finitos, como lo es nuestro cuerpo, como lo son todos los planetas que conforman la galaxia. Nuestra inmortalidad dependerá de la calidad de nuestra alma y por eso estamos aquí, para experimentar, para aprender poniéndonos a prueba, para tener la oportunidad de saber amar y conectar con la energía de nuestro creador.

Muchos dirán que lo de la energía del creador son cuentos chinos.

Dos mil años después y todavía estamos igual, con delincuencia, avaricia, materialismo, falta de compasión... ¿De qué sirvió tanto sacrificio, si estamos igual o peor que antes?

¿Por qué tanta importancia a la fe, si parece que sea el anestésico de cualquier espíritu inquieto, cualquier investigación que nos demuestre los hechos o teorías contrastadas que nos den una explicación lógica y comprensible de nuestra razón de ser?

La fe no puede ser una excusa para creer en cosas, sean las que sean, sin razón. Y, en cambio, ha sido un argumento lo suficientemente convincente, como para en su nombre cometer crímenes atroces, crear tribunales de la inquisición, que a mi modo de entender reunían a más criminales reprimidos que a seres humanos que amaban a Dios.

La fe bien entendida es el reconocimiento de nuestras limitaciones para poder explicar cómo funciona el universo, quién lo gestiona y alimenta, así como innumerables variables que no lograríamos ni imaginar. Además, la creencia en Dios no puede ser demostrada científicamente, entre otras cosas porque ni lo comprendemos ni lo conocemos, por lo que aquí es donde la fe tiene su función.

La verdad es que desde la fe cambia nuestra actitud. La fe nos aporta templanza, nos permite seguir avanzando y profundizando en aquello que despierta nuestro interés e inquietudes.

Todos estos propósitos son estrategias del maligno para convencernos de que Dios no existe, de que todo es una ilusión del ser humano incapaz de aceptar una existencia limitada y condicionada. El maligno ha logrado hacer creer a una gran mayoría de personas que Satanás no existe, que es una imaginación, una recreación de la iglesia para controlarnos desde el miedo, como lo era el hombre del saco o los monstruos del cuarto oscuro. El mismo Satanás nos insufla delirios de grandeza, enaltece las tecnologías, la ciencia y el discurso para hipnotizar a la población, para tranquilizar sus conciencias y manipularlos desde el reino de los deseos, tanto los generados por los instintos como los creados en el mundo material.

La creación se puede medir con el tiempo, pero en realidad el tiempo no es una variable contemplada por el creador. No podemos comprender muchas de las secuencias de los acontecimientos porque tenemos una mentalidad limitada y condicionada por las variables tiempo y espacio.

La fe es imprescindible, porque a través de ella conectamos con las bondades del espíritu, nos aporta paciencia, comprensión, aceptación, compasión y capacidad de comprender la verdadera energía del amor.

2

Si tu vibración es positiva, el destino te brinda un sinfín de posibilidades

Acepta las cosas a las que el destino te ata
y ama a las personas con las que el destino te junta,
pero hazlo con todo tu corazón.
MARCO AURELIO

En el Sol hay más de diez millones de frecuencias sonoras y cada planeta y cada estrella tiene sus propias vibraciones, así como nosotros mismos también las tenemos. La frecuencia de la vibración será determinante para lograr un estado de salud y de bienestar. La frecuencia es el número de veces que se completa un ciclo de oscilación y se mide en hercios (ciclos por segundo).

La calidad de nuestras vibraciones afectará a la creación de una realidad positiva o negativa. Para poder tomar conciencia de la magnitud de sus consecuencias y de lo que conllevará a nuestra vida, cabe recordar lo que influye en que nuestra vibración sea negativa:

1. La calidad de nuestros pensamientos. Desde que nos levantamos hasta que nos vamos a dormir. Cada pensamiento emite una frecuencia. Esta frecuencia se emite al universo y este nos la devuelve con realidades o experiencias acordes a la misma. Los enfados, la ira, la envidia, la rabia, los pensamientos negativos y críticos hacia los demás, generarán malas vibraciones que afectarán a tu calidad emocional, a tu humor e incluso pueden llegar a perjudicar gravemente tu salud si son persistentes y reiterativos. Por ello hay que educar nuestro pensamiento y esforzarnos en focalizar en lo positivo y en lo bueno que nos rodea. Aprender a ver cualidades en los demás, a agradecer lo bueno que tenemos, a reconocer el valor de las personas, de los acontecimientos que podemos compartir, etc.

2. El ambiente en el que nos relacionamos diariamente: muy importante evitar a las personas que critican, que están quejándose todo el tiempo, que son negativas, que boicotean cualquier buena acción o pensamiento, que son derrotistas, que se creen víctimas de la vida o incomprendidas. Personas que reclaman afecto desde la exigencia y la queja, que envidian a los que tienen éxito y se limitan aduciendo lo difícil que es todo. A las personas que culpan al dinero de las desgracias, que ven al os ricos como a delincuentes o causantes del mal ajeno. A los falsos moralistas, que justifican acciones ilegales y potencian la dependencia y el victimismo. A los resentidos de la sociedad, a los antisistema, a los que van de espirituales, pero que en el fondo solo quieren protagonismo y relevancia.

No podemos dejarnos engañar ni manipular por estos vampiros energéticos que no son capaces de aportar valor y se sienten legitimados a romper con todo. Sobre todo, mucho cuidado con confundir derechos y libertad con libertinajes y ausencia de moral.

El objeto de la vida no es estar en el lado de la mayoría, sino escapar de formar parte de los insensatos.

MARCO AURELIO

3. Una vibración de gran importancia es la que transmite la música. Su vibración afecta directamente tus emociones, tu estado anímico, tus acciones… Si escuchas solo música que te conecte con la tristeza, el desamor o la pérdida, difícilmente lograrás cambiar esa situación. Por desgracia, tenemos tendencia a escuchar música triste cuando nos encontramos tristes, melancólicos o hemos vivido un desengaño amoroso. En cierta forma somos cómplices de lo negativo que nos sucede. Damos energía a lo que deseamos evitar. La música puede ser un potente aliado de cara a nuestros logros, puesto que toda vibración que nos ayude a empoderarnos, a aumentar nuestra confianza o nos aporte paz, será esencial de cara a poder alcanzar nuestra mejor versión y por ello a lograr el mayor rendimiento en lo que realicemos. Por el contrario, toda música que nos ancle en la tristeza, en el resentimiento, en los pensamientos negativos, ayudará a que no logremos superar una situación (o tardemos más de la cuenta), facilitará que cristalicen los efectos negativos de la misma o nos

limitará de forma que lo negativo perdure en nuestra creación. Hay una máxima que dicta: donde hay miedo no puede haber amor, y donde el amor está presente, el miedo no puede asentarse. Amor es confianza, seguridad, determinación y fe.

4. La televisión y el cine: los programas que ves en la televisión, las películas que decides ir a ver condicionarán tus pensamientos, construirán tu visión del mundo, de la sociedad y de las personas. Así pues, podemos observar cómo la sociedad se ha vuelto más desconfiada, más sofisticada en los métodos para delinquir, ha interiorizado la muerte y los asesinatos como algo cotidiano e incluso me atrevería a decir que es menos sensible a la desgracia ajena. La globalización nos ha vuelto más mecánicos, más mediocres y nos ha apalancado en la comodidad y el hedonismo. Además, somos influenciables, nos condiciona la información que las películas nos transmiten, incluso sin haber contrastado la información. Por ejemplo, en las películas de tiburones, atribuyen a los escualos cualidades (o defectos) humanas, como si se tratara de asesinos en serie o de psicópatas obsesivos… y nos lo creemos, generando una psicosis con respecto a los tiburones que está fuera de toda lógica. Una cosa es conocer la naturaleza y respetar sus reglas y otra muy distinta, darle cualidades que no se corresponden.

5. El entorno en el que vives, el ambiente general de tu casa, de tu trabajo, de tu entorno, influirá en tu psiquismo y

en tu personalidad. Si tu casa está desordenada, repleta de productos, objetos o muebles que no necesitas y que tienes como si tuvieras el mal de Diógenes (nunca he comprendido el nombre de este trastorno, puesto que Diógenes fue un filósofo que clamaba por no tener bienes materiales, por no acumular bienes, por pasar con lo mínimo... debe ser seguramente por poner ejemplos opuestos), tu vida estará afectada por dicho desorden. Tus emociones, tu autoestima, tu personalidad y tu humor estarán condicionados y serán esclavos de esta energía perniciosa. Al igual que las adicciones condicionan tu libertad y tu bienestar, tus desordenes generarán adicciones que potenciarán la desidia, la dejadez, la despreocupación, y potenciarán el malestar. Limpia tu ambiente, optimiza tus recursos y cuida tu entorno si quieres que las vibraciones de tu hogar atraigan prosperidad a tu vida. Si pudiéramos ver cómo están muchos hogares, nos quedaríamos sorprendidos de que no estemos peor de lo que estamos.

6. El poder del verbo: o lo que es lo mismo, el poder de la palabra. Su vibración es determinante y potencialmente creadora. Cuando sentencias estás determinando. Procura evitar la crítica, los insultos, las expresiones despreciativas, los gritos, las palabras malsonantes, la agresividad verbal, los chismes... Piensa que la palabra es como una semilla; lo que siembras, recoges, así que procura medir tus palabras y controlar tus pensamientos antes de verbalizarlos. Las personas que dicen lo que piensan se consideran auténticas y sinceras, pero no se dan cuenta de que lo que son es

unas descontroladas, incontinentes emocionales que no pueden evitar verbalizar todo lo que les pasa por la mente, sin tamices, sin filtros que les hagan reflexionar y tener en cuenta la sensibilidad de los demás. Una persona que razona, que piensa, que escucha, que contempla las múltiples posibilidades de cada acontecimiento, procura ser mesurada en sus opiniones, coherente en sus argumentos y aporta sentido común a los demás. Los extremistas son demagogos verbales, que no aportan valor, simplemente vomitan sus creencias sin importarles si son justas, si aportan lo mejor a la sociedad ni si tienen coherencia. Después pasan desgracias y todo el mundo se rasga las vestiduras y se lava las manos. Pero como decía Orson Welles, cuando doblan las campanas, doblan por ti. Todos somos responsables de lo que sucede, puesto que cada pensamiento que tenemos (sobre todo si lo verbalizamos) afecta a la humanidad.

Nuestras palabras tienen una gran energía, de ahí la importancia de las afirmaciones. Lo veremos con mayor atención en el capítulo de las afirmaciones.

7. La gratitud: agradecer lo que nos sucede, la vida que podemos compartir, las experiencias que podemos aprehender, las sensaciones que tenemos cada día y la oportunidad de crecer que tenemos con cada día son motivo suficiente para agradecer cada día a Dios. La gratitud nos hace humildes, nos conecta con la bondad y con la prosperidad. Dar las gracias al levantarnos, al acostarnos, a las personas

que interaccionan con nosotros y que hacen algo que nos beneficia... siempre hay motivos para agradecer. Por ejemplo, cuando nos sentamos en un restaurante y nos sentamos a tomar algo. Hay gente que está con sus temas o con sus conversaciones y no presta ni atención a la persona que lo atiende, ni agradece que le sirva ni su atención. Esto es un signo de desconexión energética muy importante. La gratitud, como la alabanza, nos conecta con la bondad del alma y nos aparta de la crítica y de la destrucción. Procura cultivarlas en tu vida y verás que sus frutos valen mucho la pena. Aprende a ver en los demás una manifestación de lo divino y en los que no puedas ver más que negatividad, procura apartarlos de tu realidad.

Cuando te levantes por la mañana, piensa en el privilegio de vivir: respirar, pensar, disfrutar, amar.

MARCO AURELIO

3

La prosperidad

Tenía muy presente la teoría, las claves de lo que había que hacer para conectar con la prosperidad, creía en el destino y también en el poder de la actitud a la hora de actuar la mejor versión de este. Seguía a gurús de la prosperidad y el crecimiento personal, leía libros de autores *best sellers* como Louise L. Hay, Rhonda Byrne (*El secreto*), Napoleón Hill (*Piense y hágase rico*), Og Mandino (*El vendedor más grande del mundo*), Conny Méndez (*Abundancia*), Bob Proctor, Joe Dispenza, Michael Drosnin, Wayne W. Dyer (*Construye tu destino*), Richard DeVos (*Amway*), Raimon Samsó (*El código del dinero*), Laín García Calvo («*La voz de tu alma*), Sergio Fernández (*9 hábitos para vivir con abundancia y riqueza*) y un largo etcétera de autores que no es necesario mentar.

Todos ellos nos llevan a una conclusión: la importancia de la actitud, de actuar desde la positividad, de persistir en los deseos y de aplicar el esfuerzo y la perseverancia. Todo va unido al destino que tenemos programado. De hecho, existen personas brillantes, audaces, perseverantes, valientes y emprendedoras que no han logrado la prosperidad que deseaban a pesar de haber dedicado mucho tiempo y empeño en lograrla.

Muchas de las teorías de la prosperidad son utilizadas como ganchos para vender cursos, sistemas de trabajo o conseguir más seguidores. Es lo malo que tiene el ser manipulables y seguramente el hecho de confiar poco en nuestras posibilidades.

Sin duda, el secreto del éxito radica en una actitud positiva, una gran capacidad de esfuerzo y superación y en una inquebrantable fe en el éxito. Sin olvidar acompañarlo todo de la formación, el método y la perseverancia. Hemos de ser excelentes en lo que hacemos, sino seremos un fraude y no podremos transmitir lo mejor de nosotros mismos. Si observamos, muchos autores hablan de Dios, del poder del amor, del compartir, de cursos donde podrás lograr alcanzar todas tus metas, pero olvidan una clave esencial: la generosidad. Si sus conocimientos les han sido dados, deben compartirlos igualmente, sin buscar rentabilizarlos. Pasa como está sucediendo en el mundo de las criptomonedas: intentan captarte con teorías como la de obtener ingresos pasivos que te permitan actuar tu verdadero propósito en la vida, como un nuevo orden mundial que nos permitirá vivir sin trabajar, como una nueva economía basada en el bienestar común, y sin duda, la realidad no tiene nada que ver con lo que nos venden. Primero, porque los que intentan que nos apuntemos al sistema, tienen intereses en que participes, ya sea por comisiones directas o indirectas o por contraprestaciones que les permiten medrar en la organización o conseguir premios a cambio. El interés desinteresado está reservado a las grandes almas, no a los inversores oportunistas.

Hemos de tener presente que, en este mundo, los deseos, los instintos y la avaricia continúan teniendo mucho peso y se esconden en organizaciones muy bien preparadas que se encargan de ir generando tendencias, modas e incluso construyen la nueva moral social. La masonería está muy introducida en la sociedad y seguramente la parte más poderosa de ella y la que más influencia tiene en la sociedad es profundamente anticristiana. Adoran al ángel caído y lo definen como el arquitecto universal, buscan la riqueza y el poder por encima de todo lo demás e intentan que la sociedad se olvide de los valores, se base en la búsqueda del placer y trascienda conceptos como la familia, la fidelidad, la lealtad o la misma compasión. La industria del cine está gobernada por una corriente religiosa contraria al cristianismo, la misma iglesia católica vive entre los extremos más conservadores y arcaicos y los más liberales y rompedores, olvidando ambos el verdadero mensaje de Cristo.

Vivimos en una época caótica, llena de falsedades, manipulaciones y controversias. «Por sus hechos los conoceréis», dijo Jesús el Cristo.

La verdadera prosperidad no es la riqueza material, sino la que te proporciona la tranquilidad material para que puedas dedicarte a cultivar la espiritualidad. Entendiendo por espiritualidad el desarrollo de las cualidades del alma: capacidad de amar, capacidad para comprender a los demás, para actuar con justicia, para saber discernir entre el bien y el mal y para desarrollar un nivel de conciencia superior.

No busques los bienes materiales, busca dentro de ti lo mejor que puedas ofrecer a los demás y, cuando lo encuentres, todo lo demás te será dado por añadidura.

4

El destino visto
desde la filosofía estoica

En el cosmos, concebido como el organismo superior, viviente,
todo se halla en contacto, y los vivientes actúan los unos sobre los
otros, porque existe una -simpatía cósmica- (sympdtheia toa pantos)
y una mezcla total (krásis di 'halón), de modo que todos los seres
colaboran en la marcha del mundo como ser vivo.

El destino siempre ha llamado la atención de la humanidad, especialmente en la antigua Grecia, donde incluso antes que los estoicos, lo vinculaban a la voluntad de los dioses. En la misma Ilíada se hace referencia al destino como una fuerza superior a la que el mismo dios Zeus debía someterse.

Los estoicos eran deterministas, creían en la causa y el efecto universales. Creían en el destino (lo que está encadenado) y lo consideraban un pilar en su sistema ético, asociándolo a la razón que vincula la causa y el efecto, dando como resultado los efectos en nuestras vidas. El destino es el logos, una manifestación de la voluntad de Dios.

Los estoicos sostienen que todos los eventos de la vida están relacionados con eventos anteriores, siendo efectos de causas anteriores. Si identificamos los eventos correctamente, podemos saber perfectamente los efectos de cada causa. El destino no es el destino de la superstición, sino el de la física, entendiendo como física el efecto materializado de determinadas acciones.

El destino actúa todo el tiempo, en todas partes, de forma continua. El destino funciona de forma racional, como lo hace el universo.

El destino no está bajo nuestro control; por ejemplo, según Epicteto, considera que bajo nuestro control están: la opinión, la búsqueda, el deseo, la aversión y nuestras propias acciones. El cuerpo, la propiedad, la reputación, el mando y cualesquiera que no sean nuestras propias acciones, no lo están.

Para los estoicos, el hombre sabio conoce sus leyes y cumple los preceptos de la naturaleza, llevando a la práctica la virtud, que le proporcionará la felicidad.

Quien es fuerte no tiene temor, quien no tiene temor no tiene aflicción, y quien no tiene aflicción es feliz.

SÉNECA

Los estoicos gestionan muy bien el sufrimiento y los avatares de la vida, puesto que la resiliencia es inherente a su forma de asimilar la vida. Es curioso contrastar la filosofía de los epicúreos, dados a la vida placentera, hedonista y en busca del placer, frente a la búsqueda de la virtud y el equilibrio que los estoicos predican. Una filosofía basada en dogmas que no sabían argumentar, porque cuando se le cuestionaba respecto al destino y sobre si este estaba determinado, ¿dónde quedaba el libre albedrío y la libertad del ser humano?, ellos no tenían respuesta. Nunca imaginaron que, si el destino era el punto final, había infinitos caminos para llegar al mismo y en la elección de los caminos estaba el libre albedrío. Para los estoicos, la vida ha de tener un sentido, ha de contemplar el servicio a los demás, el compromiso con uno mismo a la hora de expresar la mejor versión y la intención de dejar el mundo mejor de como lo hemos encontrado. Unos valores que no pasan de moda, pero que se echan de menos en la actualidad.

¿Cuántas veces hemos querido realizar algo o cambiar de rumbo y la vida nos ha vuelto al camino original? Personalmente, en varias ocasiones en mi vida he querido cambiar y ha habido algo que no me lo ha permitido, aunque paralelamente he podido comprobar que lo que he deseado con constancia y voluntad finalmente se ha hecho realidad. Por ello, coincido en que el destino tiene una influencia sobre nosotros, aunque cuanto mayor nivel de conciencia tengamos, menor fuerza tendrá y mayor libertad o poder tendremos para ir modificándolo.

Y no coincido solamente con filósofos o con tendencias de pensamientos actuales, el concepto «destino» y sus connotaciones ya ocupaban la mente de los más avezados filósofos de la antigua Grecia, vinculándolo a una fuerza superior proveniente del cosmos y que comprometía incluso la voluntad de los dioses.

Los estoicos dieron un gran protagonismo al concepto de destino, considerándolo la concatenación de causas y efectos enlazados por una fuerza superior e inexplicable.

Esa fuerza la definen como logos o pensamiento de Dios, que se manifiesta en todo lo creado y que proyecta en el ser las leyes de la naturaleza y la condición del compromiso con la mejora continua (el *kaizen* de la filosofía japonesa).

Está claro que el destino no actúa por libre, está alimentado por varios factores, que a mi modo de ver son un acuerdo o contrato del alma, el karma (ley de causa y efecto), la vibración, la frecuencia (nuestro estado de ánimo y la calidad de nuestros pensamientos), la voluntad y la intención.

El destino no es algo que esté determinado, fijo e inmutable y que por ende no tengan valor nuestra voluntad o lo que decidamos actuar. No está todo escrito. Hay un argumento, dentro del cual se detallan nuestros acuerdos, pero independientemente de estos, está nuestra libertad, nuestra capacidad de decidir… y tiene mucha más importancia de la que nos pensamos. Es como si decidiéramos ir a un país lejano y reservásemos dos hoteles en dos ciudades distintas, antes de llegar a nuestro destino. Esto sería lo determinado, pero luego podríamos decidir nuestras rutas, nuestras paradas e incluso lo que deseamos ver o experimentar en el camino. Sería como si dos personas distintas que van a la misma ciudad optaran por rutas distintas, con tiempos distintos y objetivos diferentes.

Entre los estoicos y la humanidad actual coinciden rasgos fundamentales que condicionan las actitudes del ser humano frente a la vida. Compartimos tiempos de decadencia, de falta de valores, angustia y falta de conexión personal, donde una gran mayoría busca vivir bajo los beneficios del placer y el bienestar (como los epicúreos) y donde otros añoran tiempos pretéritos donde los valores, la honestidad y el esfuerzo formaban parte del comportamiento y daban sentido a la vida.

La humanidad va repitiendo ciclos, redescubriendo realidades que considera avances, pero que en realidad son repeticiones con formas distintas, puesto que se ajustan al momento de desarrollo tecnológico que vivamos. Lo que evoluciona lentamente es el estado de conciencia, porque cada grado de crecimiento implica la asunción de realidades que no son fáciles de asumir por la mente común. Cristo tuvo que utilizar infinidad de parábolas para no colapsar a las personalidades de la época, asumiendo que solo los que estaban capacitados para entender lo harían. Cuanto más básicos somos, más necesitamos de leyes, de protocolos, de especificaciones, de normas detalladas, de códigos que castiguen las infracciones y de constituciones que amparen nuestros derechos y obligaciones.

La bondad, la caridad, la compasión, la humildad y el amor no necesitan normas, ni leyes, puesto que sus actos estarán siempre alineados con el bien común, con el bienestar y la prosperidad. La generosidad acompañará sus acciones y la justicia determinará sus decisiones.

La vanidad y el orgullo son tan negativos como la falta de autoestima y el victimismo, puesto que el no saber valorarte y quererte conlleva una falta de respeto no solo hacia ti, sino hacia tus padres, ancestros y hasta el mismo Dios. Y esa vanidad y orgullo se alimentarán de la falta de amor para enmascarar las carencias y protegerse de los demás ante la evidencia de falta de amor.

5

La importancia de las afirmaciones

Las afirmaciones encierran un gran poder, un poder que deviene de su vibración y de la frecuencia que genera el pensamiento que las alimenta. Por ello, cuando las practicamos, tenemos que hacerlo desde la conciencia, el agradecimiento y la humildad.

Nuestra mentalidad, nuestros actos y nuestra actitud serán claves en la cristalización de nuestras afirmaciones. Cuando abrimos la puerta al amor, abrimos un sinfín de conexiones que nos permiten lograr metas que jamás habríamos imaginado.

La prosperidad no es solo solvencia económica, es disponer de oportunidades, de posibilidades de hacer realidad nuestros proyectos, ideas o ilusiones. Cuando nos abrimos a la energía desde una vibración positiva y de agradecimiento, conectamos con un flujo de energía que nos brindará la posibilidad de conectar con la abundancia y con el flujo de la creación. Cuando vivimos desde el agradecimiento, permitimos que los flujos de energía positivos del universo puedan entrar en nuestra realidad e impactar en nuestra vida de forma positiva. Si sabemos atraer el dinero, sin culpas, sin pensamientos negativos, sin miedos a la pérdida, sin planteamientos egoístas y avaros, podemos crear un entorno positivo para nosotros y para los demás.

Cuando vivimos desde el agradecimiento, el reconocimiento de lo positivo y bendecimos cada experiencia, esforzándonos en ver lo bueno de los demás, nuestra conciencia se irá enriqueciendo y su vibración y frecuencia nos permitirá atraer más cosas positivas, no solo dinero, sino calidad de relaciones, experiencias positivas y una mejor calidad de vida y de salud. Nuestras creencias y actitudes serán claves en este proceso.

Ejemplos de afirmaciones

Yo soy un canal de energía positiva que atrae lo mejor hacia mí.
Yo soy abundancia y prosperidad.
Yo soy salud y bienestar.
Yo soy un ser de luz que irradia paz y bienestar a mi alrededor.
Yo soy equilibrio y bondad.
Yo soy creador de mi propia realidad.
Yo soy abundancia.
Yo soy riqueza y abundancia.
Yo soy la inteligencia activa que domina la realidad.
Yo soy amor y compasión en acción.
Yo soy fortaleza y justicia.
Yo soy el que soy.

Por ejemplo, para que podamos poner en práctica todo esto, haremos lo siguiente:

Cada mañana al levantarnos, lo primero que haremos será dar las gracias, gracias por poder disponer de un día más, gracias por poder ser consciente de cada momento, gracias por poder tener experiencias que nos permitirán ser mejor persona. Una vez en el baño, frente al espejo, nos miraremos a los ojos y nos diremos:

hoy es un día maravilloso y tengo bendiciones del universo para que pueda lograr todo lo que me proponga.

Yo soy equilibrio, yo soy paz, yo soy luz, yo soy abundancia ilimitada. El dinero llega a mí de fuentes esperadas e inesperadas. Gracias Padre por estar a mi lado y ayudarme cada día en el logro de mis objetivos.

Yo soy líder, tengo los conocimientos que necesito para ser quién debo ser, para mi bien, el de los demás y acorde a la voluntad de Dios.

Me libero de cualquier pensamiento negativo o limitante que pueda permitirme avanzar.

Dios me acompaña siempre y me guía por el camino más adecuado para lograr mi propósito.

Confío plenamente en Dios y en el propósito que guía para poder lograr mis metas.

Aparto de mí todo pensamiento limitador y todo sentimiento negativo. No permito que nada ni nadie boicotee mi realidad.

Elijo ser feliz, agradecido por todo lo que aprendo y comparto, me siento afortunado por todo lo que tengo y puedo compartir con los demás.

Sé que con voluntad y actitud positiva puedo lograr todo lo que me proponga. Soy fuerte e independiente. Me abro a recibir toda la abundancia que el universo tiene para mí.

Sé que Dios me acompaña en cada momento y que me transmite su fortaleza y verdad para que pueda lograr mis objetivos desde el amor, el bien común y bajo la bendición de su voluntad.

Conoced la verdad y la verdad os hará libres.

JESÚS EL CRISTO

6

El idioma de Dios

Himno antiguo a Jesús

Splendor Patris
Factor Matris,
Jesu, nostra Gloria,
Da ut fiam,
Per Mariam,
Tua dignus Gracia.

(Resplandor del Padre,
Creador de Tu Madre,
Oh, Jesús Gloria nuestra,
Haz que sea por María,
Digno de tu Gracia)

Cuando hablas desde el verdadero sentir, estás hablando el idioma de Dios. Utilizas la inteligencia del corazón, que como se ha comprobado recientemente, tiene neuronas y es capaz de procesar información. Mira cómo te sientes ante la realidad de tu vida. Si te sientes bien o mal, dependerá de lo que tus deseos hayan proyectado. Casi todas las personas sabemos lo que es sentirnos en armonía o en distorsión. Cuando nuestras decisiones están alineadas a nuestros pensamientos (razón), a nuestras emociones (corazón) y a nuestra voluntad (cuerpo) nos sentimos en concordancia, en equilibrio o incluso conectados con el todo. Esto se llama estado de coherencia. Cuando estamos en coherencia es fácil poder materializar lo que deseamos.

Por ejemplo, si rezamos pidiendo lluvia, es difícil que llueva; deseando que no haya sequía, lo más probable es que potenciemos las sequías. Si rezamos sintiéndonos afortunados por la lluvia que cae, sintiendo sus gotas en nuestra piel, escuchando su sonido en el suelo, en los cristales, en los techos de las casas, percibiendo el aroma de las calles, escuchando el sonido de los truenos... con toda seguridad lograremos que llueva. Es la sintonía lo que crea coherencia y crea la realidad.

Lo esencial en el proceso de creación es sentir lo que pedimos como si ya lo tuviéramos, sentir las sensaciones que nos produciría, experimentar lo que nos hace sentir y agradecer el hecho de haber logrado esa petición.

Por ejemplo, si deseamos una casa o un piso, visualizaremos la ubicación exacta donde deseamos tenerlo, contemplaremos todos los detalles: el edificio, su estructura, cómo está diseñado, la distribución, el número de estancias, los baños, la cocina, las vistas... sentiremos que ya lo estamos viviendo. Lo haremos repetidamente y nos permitiremos sentir tal y como lo haríamos si estuviéramos en esa casa. Cuantos más detalles incluyamos y describamos, más probabilidades de que la realidad se ajuste a la petición.

Lo mismo haremos si lo que deseamos es un coche nuevo. Primero nos decidiremos sobre el modelo y sus características, luego veremos si se ajusta a nuestra voluntad, si estamos conformes con su consumo, con su practicidad, etc. Una vez decidamos el modelo, buscaremos imágenes que lo detallen bien, como, por ejemplo, fotografías de su interior. Nos veremos conduciéndolo, imaginaremos lo que sentimos al estar al volante del vehículo, nos visualizaremos en su interior, manejando los mandos, manipulando el navegador, observando el cuadro de mandos, sintiendo la comodidad de sus asientos, el olor de la tapicería... Cuantos más detalles, más fuerza impregnaremos a nuestra petición y con mayor probabilidad se hará realidad.

La visualización acompañada de emoción es clave en la creación de la realidad que deseamos. Es fe en acción.

Es muy importante la forma en que comunicamos. El tiempo es algo que rige en nuestro mundo, pero no es lo mismo para el universo o para Dios. Por lo tanto, todo lo que verbalicemos deberemos de hacerlo en tiempo presente, agradeciendo cada petición como si ya estuviera concedida.

Por ejemplo, si estamos buscando un trabajo bien remunerado y en el que nos sintamos felices, hemos de dar gracias a Dios por el trabajo que ya se nos ha concedido, pudiendo verbalizar el tipo de trabajo, salario y condiciones. Según el nivel de fe y confianza en la afirmación (siempre y cuando sea coherente) será el tiempo en el que se haga realidad.

Cuando me refiero a que sea coherente, quiero decir que si, por ejemplo, pido tener un trabajo de médico en un determinado hospital, es porque evidentemente soy médico, sino no tendría sentido. Y así con todo. No puedo pedir ser un tenista como Nadal si prácticamente no juego a tenis y paso de los cincuenta años... ¿Me explico?

Es muy importante ser coherentes, es decir, alinear sentimientos con pensamientos y con acciones.

Si nos referimos al ritmo y las vibraciones, la vibración de Dios es la más elevada, se dice que está sobre los 963 Hz. Una vibración por encima de los 333 Hz nos evita enfermedades y desórdenes. Es una vibración que evita los malos pensamientos, que te aparta de los conflictos, que nos aparta de sentimientos como la ira, la envidia, el resentimiento, el victimismo, etc. Los pensamientos tienen una gran importancia, porque, aunque no hagamos algo, si lo deseamos mediante el pensamiento, generamos un cambio en nuestras vibraciones, en nuestro ritmo energético y, si el pensamiento es un deseo originado por los instintos, estos irán contaminando nuestras acciones y afectarán a nuestro carácter y forma de relacionarnos.

¿Cuántas personas se consideran fieles, pero de pensamiento están deseando tener relaciones íntimas con otras personas?

¿Cuántas veces hemos desnudado a otra persona y hemos intimado en pensamientos o incluso en sueños? Estas acciones afectan nuestras vibraciones y nos indican que hay un desorden en nuestro campo energético. Diremos que es algo natural, que forma parte de nuestra condición humana, donde los instintos obedecen a la carga hormonal que nos alienta, pero no es así. El mundo de los deseos es un mundo que lleva consigo sentimientos como los celos, la posesividad, el hedonismo, el egoísmo y de estos se puede derivar a sentimientos de ira, de agresividad, de revancha, de malestar.

Nosotros bloqueamos nuestra conexión con el Supremo mediante acciones que nos limitan: sin darnos cuenta nos convertimos en nuestros boicoteadores, viviendo desde el miedo y la frustración.

Nuestras acciones y nuestras actitudes son los catalizadores de la calidad de nuestra realidad: está claro que la vida requiere de sacrificios, esfuerzos y una gran capacidad de comprensión.

1) La falta de perdón y generar rencores dificulta la prosperidad en nuestra vida, alejándonos de la felicidad y del bienestar. El perdón no es sencillo, ni trivial. Es muy importante no condenar a nadie ni guardar rencores. La separación y la amargura generan emociones tóxicas y destruyen todo puente hacia el amor.

2) Duda y falta de fe: la fe y el miedo vibran en un mismo plano, por lo que, si dudamos y no tenemos fe, nuestra vida estará condicionada por los miedos y la desconfianza, lo que nos hará ser más egoístas, más agresivos y menos empáticos.

Hebreos 11, 1: la fe es la certeza de lo que se espera y la convicción de lo que no se ve.

Cuando dudamos o no tenemos fe, desconectamos del propósito que Dios acordó para nosotros y nuestra vida tendrá más despropósitos y dificultades de las que cabía esperar.

3) Desobediencia y olvidarnos de la existencia de Dios: aunque hoy en día creer en Dios parece ridículo y nos fijamos exclusivamente en lo material y en los argumentos de la ciencia, el hecho de ignorar nuestro vínculo con Dios es equivalente al hijo o la hija que se olvida de su padre, lo ignora y se aparta de él.

Dios es amor, y en su infinita justicia, permite que vivamos los resultados de nuestros pensamientos y actitudes, aunque no nos exime de sus consecuencias. De ahí que la justicia divina nos devuelve todo lo que hemos hecho, tanto en positivo como en negativo.

4) El ego desde el orgullo y la autosuficiencia: cuando pensamos que somos autosuficientes, superiores a los demás, nos

estamos preparando para tener problemas. La humildad es una cualidad muy importante para mantener una buena vibración.

Proverbios 16. Versículo 18: antes del quebrantamiento va el orgullo y antes de la caída la altivez de espíritu.

5) Descuido de la oración y la alabanza: la oración ayuda a que mantengamos una buena vibración; sin ella, nos vamos apartando de la bondad y de la verdad de Dios. No se trata de seguir dogmas, ni vivir desde la culpa o la represión, sino de mantener un diálogo sincero y abierto con la esencia que nos anima: Dios.

La Iglesia, gestionada por los hombres y las mujeres, ha cometido muchos errores, ha manipulado el mensaje de Dios y ha generado muchas resistencias, iras, represiones y dolor, pero no es motivo para apartarnos de Dios. Hemos de aprender a reconocer lo que nos ha permitido vivir, conocer y crecer, aprendiendo a reconocer la buena voluntad de sus servidores. Todos los seres cometemos errores y para superarlos necesitamos la comprensión y la ayuda de los demás. Las críticas y las condenas no sanan, todo lo contrario, engrandecen la maldad. Recuerda que donde reside el bien, siempre le acompañará el mal, pues no habrá día sin noche, ni frío sin calor. Pero hay que saber discernir y elegir. Cultivar la voluntad será la clave de nuestro crecimiento personal.

Vale más morir injustamente sin odio ni resentimientos que sobrevivir desde la ira, la agresividad y la venganza. Este es el mensaje de Cristo que nos transmite cuando nos dice: «Si te golpean en la mejilla, pon la otra». El mensaje no es que nos dejemos maltratar, sino que no entremos en el juego de «ojo por ojo y diente por diente», que nos lleva a la venganza y potencia el individualismo frente al grupo.

7

Nada sucede por casualidad, todo obedece a una causalidad

Hay muchas personas que viven atormentadas por tribulaciones. Es un mal endémico de los seres humanos; ya en el *Decamerón*, de Boccaccio, nos narran la historia de distintos personajes que se encuentran con el fin de distraerse contándose cuentos e historias en la época de las epidemias. Seguramente la falta de fe nos conecta con el miedo, una sensación que nos paraliza y que impide que seamos creativos, ingeniosos o productivos. Lo cual alimenta todavía más los miedos y así el círculo se vuelve tan pernicioso como perfecto.

Todo está concatenado, no existe la casualidad. Todo acto genera unas consecuencias y el resultado de esas consecuencias inspira nuevos actos… este círculo infinito diseña infinidad de escenarios donde experimentamos, aprendemos y crecemos como seres.

El budismo enfatiza mucho el concepto del karma: la ley de compensación, lo que siembras recoges, pero no solo el budismo nos habla de la ley de compensación.

La causalidad es explicada por la psicología desde la programación inconsciente del ser humano. Nuestros pensamientos se pueden corporizar, lo que implica que en lo que nos focalizamos al final lo somatizamos (lo creamos). Es lo que siempre predico: creer es crear.

Cuando pensamos cosas desagradables, transmitimos una información a nuestras células y estas cargan a los átomos con bajas vibraciones, o lo que es lo mismo, desprotegen nuestro organismo, bajando su nivel de defensas y generando una vibración baja que no permitirá conectar con la abundancia ni con la salud.

Por estas razones, nuestra actitud, nuestros pensamientos y nuestras creencias tendrán un porcentaje de responsabilidad sobre el resultado de nuestro destino. Un porcentaje que no será insignificante. La neurociencia nos está demostrando que cada vez más el ser humano tiene la capacidad de incidir en el diseño de su realidad. De ahí que disciplinas como la inteligencia emocional, la programación neurolingüística y las técnicas que nos enseñan a respirar conscientemente, a trabajar nuestras energías y a potenciar las actitudes positivas van ganando relevancia y seguidores.

Una cuestión muy importante y que hay que tener presente: solo puedes actuar tu mejor versión y ser un buen arquitecto de tu realidad después de haber sido consciente de tus zonas oscuras y comprometerte a convertirlas en fortalezas.

La ley de la causalidad

Si un meteorito, hace eones de años, no se hubiera estrellado contra la Tierra, la Luna no existiría y, si esta no existiera, la vida en la Tierra no sería posible. Así mismo, la presencia en nuestro sistema solar de los distintos planetas juega un papel fundamental para que en la Tierra podamos tener las condiciones que tenemos.

La religión ha manipulado muchos conceptos, nos ha limitado y condicionado, pero no por ello hay que denostarla. Ha cumplido su función; a su manera, ha impuesto un orden y ha ayudado a cultivar unos valores que, de otra forma, hubiera sido difícil de realizar. Pero ahora nos toca despertar, abrir la mente y desapegarnos de soluciones paternalistas que prometen paraísos a cambio de nuestra sumisión.

Hay miles de millones de galaxias, con casi infinitas posibilidades de vida en cada una de ellas, y seguramente todos estaremos conectados. Desconocemos las verdaderas leyes del universo, el verdadero significado del mensaje de Dios y no logramos comprender conceptos como su existencia desde siempre o que el tiempo, en realidad, no existe o que pueden darse varias vidas en un mismo momento… De hecho, cada vez que dudamos en actuar una cosa u otra, vivimos ambas a la vez, aunque solo somos conscientes de la que hemos «decidido» actuar. Y la que ignoramos nos va nutriendo de información de forma inconsciente, interactuando con nosotros de forma directa.

Por ejemplo, en lo que he comentado sobre el tiempo: imaginemos todo un año de 525 600 minutos de duración, y decidimos organizar un partido de fútbol de noventa minutos en el que los participantes solo serán conscientes de esos noventa minutos. Para ellos, la vida será igual a lo que dure el partido, pero para nosotros habrá muchas horas antes y después del mismo… Así pues, nuestra existencia en la Tierra es equivalente a un partido y el resto del año sería la creación… y ya no digo lo que sería la existencia infinita del creador. Recientemente se ha descubierto que hay eones de galaxias y que alrededor de ellas tenemos lo que denominamos campo, un espacio de gran densidad, de aspecto oscuro, de donde emana toda la creación. Todas las galaxias están unidas por infinitos agujeros energéticos que permiten una comunicación más rápida y que todavía son unos grandes desconocidos, desde los agujeros de gusano que nos describía Carl Sagan, hasta las puertas interdimensionales, los taquiones, etc.

Estamos limitados por una mente anclada en las tres dimensiones y la realidad cambia a diario. Nuestros hijos tienen concepciones distintas de la misma realidad, de cómo entender la vida y de sus prioridades, y los hijos de nuestros hijos y los hijos de estos seguirán aportando cambios sustanciales que les harán conectar con una realidad totalmente distinta por todos los conceptos que iremos integrando y comprendiendo. Ahora no es como hace doscientos años, estamos en una Era donde todo transcurre con mucha más rapidez, donde no tenemos tiempo para casi nada y donde la información nos satura y nos supera. Aprender a gestionar todos estos datos, a gobernar el tiempo del que disponemos y a saber disfrutar de cada instante será una de las prioridades de las generaciones venideras.

Si no aprendemos a ser más empáticos, a ser más comprensivos y tolerantes, nos iremos aislando de los demás, nos volveremos adictos a los juegos de ordenador, a la IA (inteligencia artificial) y, en lugar de pareja, compraremos robots que nos traten tan bien como nadie habría podido tratarnos. Les proyectaremos nuestras necesidades, nos apegaremos a su compañía y viviremos todavía más engañados de lo que ahora estamos… y el mal habrá demostrado que la humanidad no tiene remedio.

Si, por el contrario, comprendemos que esta vida es una oportunidad para cultivar el alma, para aprender a desprendernos

de los instintos más primarios y a conectar con el verdadero significado del amor, lograremos construir una sociedad colaborativa,
sensible, sostenible y con un muy buen nivel de bienestar... algo
cercano al paraíso inicial.

Somos mente, y la mente es creativa, pero todo el mundo
ha podido comprobar que lo que imaginamos o pensamos no se
crea si no nos ponemos a trabajar en ello, es decir, si no aplica-
mos nuestra voluntad, nuestras acciones y nuestro esfuerzo. Ahí
reside el secreto de la vida, donde el destino (acuerdo inicial) se
entrelaza con la actitud (voluntad y capacidad de resiliencia) para
lograr hacer realidad los proyectos y los propósitos que deseamos.

Vivimos una realidad que refleja la ley de la causalidad, es
decir, toda causa genera un efecto. Lo que vemos como casualidad no es más que una distorsión en el ángulo de nuestra
visión, puesto que ha seguido un camino, una ruta para lograr
darse. La ley del karma lo define como que todo lo que hacemos
tiene un retorno y que, tarde o temprano, lo experimentaremos en nuestra existencia. Si hemos actuado mal, recibiremos
mal (karma) y, si hacemos el bien, nos vendrán experiencias
positivas (*dharma*).

La falta de fe que experimentamos es una de las causas de
tanto mal. Inconscientemente, la falta de fe nos conecta con el
miedo, con la necesidad de luchar por lo que deseamos, por
querer acumular bienes, por si algún día los podemos necesitar.
Nos potencia la avaricia y esta nos abre las puertas de los miedos
y la desconfianza. El miedo genera agresividad y frustración, con
lo que la infelicidad nos pierde en el oasis de las sensaciones.
Confundimos el placer o el bienestar con esa felicidad, pero no la
logramos experimentar, y cuanto más placer buscamos, más vacíos

nos sentimos. Y esa sensación de vacuidad nos hace enfermar, no solo físicamente, sino psicológicamente.

No dejamos de compararnos, de desear lo que los demás tienen, y la represión de no poder obtenerlo por la forma que desearíamos nos hace sentir emociones que nos apartan de la bondad y de la verdadera felicidad.

Abandónalo todo y sígueme, les decía Jesús a sus admiradores. No lo decía por tener un deseo de sumirlos en la pobreza, sino como incentivo a que conectaran con la fe, puesto que, si hubieran dado ese paso, nada les hubiera sido menester, ninguna carencia les habría mortificado y aquello que les pudiera doler dejar, lo recuperarían en mejores condiciones. Por lo tanto, no tengas miedo y actúa desde la plena confianza y total fe en Dios.

Vivimos poniendo fronteras en todos los ámbitos de nuestra vida, seguimos instintos de una naturaleza tremendamente dura y agresiva, sin saber adecuar el don que Dios ha depositado en nosotros al mundo en el que habitamos. Somos tan primitivos como los hombres de Cromañón, eso sí, con móviles y tecnología que nos permite incluso volar...

El poder, el sexo y el dinero continúan siendo los anhelados objetos de deseo de la mayoría de los seres humanos. Y enmascaramos esos deseos disfrazándolos de logros, de proyectos o de realidades que no nos permiten conectar con nuestra verdadera esencia espiritual. Puesto que, para el espíritu, también hay falsas creencias que le harán caer en la trampa del ego espiritual, donde la vanidad, los instintos, el orgullo y el ansia de poder tendrán un singular protagonismo.

8

Vibración y frecuencia desde la física cuántica

Si quieres entender el Universo,
piensa en términos frecuencia, energía y vibración.
NIKOLA TESLA

Aunque los conceptos son muy similares a los de la física clásica, para la física cuántica los conceptos de vibración y frecuencia están vinculados a las propiedades de las partículas subatómicas y a los niveles de energía en el nivel cuántico.

La frecuencia está relacionada con la energía de una partícula y la de su onda asociada. Las vibraciones y las frecuencias están íntimamente relacionadas con la naturaleza ondulatoria y cuantizada de las partículas subatómicas. Lo que significa que interactúan emitiendo y absorbiendo energía. Esto participa en el proceso de creación de nuestra realidad, de ahí la importancia de la calidad de nuestros pensamientos, de las buenas vibraciones y de la constancia en el mantenimiento de estas.

Joe Dispenza, experto en Neurociencia, afirma que todo en el universo, incluidos nuestros pensamientos y emociones, tiene una frecuencia vibratoria. La calidad de la frecuencia vibratoria estará relacionada con el tipo de pensamientos y emociones que tengamos. Si tenemos tendencia a ser negativos, estar tristes o apagados, a vivir inmersos en disputas, rencillas o problemas con los demás, nuestra vibración será baja, lo que impedirá que diseñemos destinos positivos y que conectemos con la prosperidad. Nos invita a que potenciemos la calidad de nuestras vibraciones mediante la conciencia a la hora de generar pensamientos, siendo positivos, sabiendo apreciar lo bueno en los demás y procurando ser lo más alegres posibles. Si logramos tener estos pensamientos y emociones positivos, mediante la voluntad y la meditación, podremos lograr cambios en nuestra realidad y tener una mejor prosperidad y salud física y emocional. Nos habla del concepto de neuroplasticidad, que es la capacidad del cerebro de adaptarse y reorganizarse a lo largo del tiempo, a través de la experiencia. Según Dispenza, mediante pensamientos repetitivos, podemos lograr un cambio de vibración de nuestro cerebro y con ello lograr tener experiencias más positivas y exitosas.

Conny Méndez, metafísica, nos dice que todo lo que pensemos sucederá. Si estamos convencidos de que tenemos buena salud, la tendremos; si pensamos que tenemos dinero, lo tendremos… no solo por pensarlo, sino por actuar acorde a nuestros pensamientos.

Conny Méndez nos transmite afirmaciones poderosas para lograr diseñar un destino próspero:

— Confío en que el universo me proveerá con todo lo que necesito.
— Bendigo mi vida y la de los demás con la riqueza del universo.

- Yo soy uno con la abundancia del universo.
- Agradezco por la abundancia que ya tengo en mi vida y por la que está por venir.
- Yo soy la luz divina en acción.
- Agradezco por la capacidad que tengo de crear mi vida y la de los demás.
- Soy capaz de sanar cualquier enfermedad y malestar con rapidez.
- Yo soy la paz divina en acción.
- Bendigo mi vida y la de los demás con la paz divina del universo.
- Soy capaz de disfrutar de la felicidad de mi vida al máximo.
- Yo soy la sabiduría divina en acción.
- Mi mente está clara y enfocada en lo que deseo lograr.
- Mi cuerpo está en armonía con la energía divina del universo.
- Agradezco mi vida con la confianza que está y la que está por venir.

La oración nos invita a recordar que somos cocreadores de nuestra realidad.

La fe y su poder para manifestar la mejor versión de nuestro destino

Haz una lista de todo lo que deseas lograr en tu vida. Insiste con el logro de tus propósitos. Aplica la voluntad, la convicción y la fe en que todo lo que deseas lo puedes lograr.

Levántate cada día agradeciendo el maravilloso día que tienes. Agradezcamos lo que tenemos (no lo que desearíamos tener).

Siéntete merecedor de todo lo que deseas. La fe mueve montañas. Lo que deseas lo has imaginado y, si has podido imaginarlo, es porque puedes ser capaz de hacerlo realidad.

Repite cada mañana y durante el día lo que deseas, como si formara parte de tu realidad.

Escribe todos tus objetivos y descríbelos con todo lujo de detalle. Cuantos más detalles, por insignificantes que te puedan parecer, tendrán una gran importancia a la hora de ayudar a cristalizar esas realidades.

Jesús decía: «Si tenéis fe, diréis a la montaña que se mueva y esta se moverá».

MATEO 17, 20

Somos creadores de nuestra propia vida (como hijos de Dios que somos). La fe no es una creencia pueril, caprichosa e impaciente. La fe es una creencia basada en el amor y la lealtad hacia aquello que creemos.

Todo lo que deseas está creado, todo está a nuestro alcance. Somos lo que pensamos y, al tomar conciencia de esta realidad, podemos incidir en ella. Si quieres algo, primero debes de creerlo para poder verlo. Todos hemos utilizado la ley de la atracción sin ser conscientes de ello. La ley de la atracción obedece a lo que dictaminamos (tanto de palabra, como de emoción y pensamiento).

Seguramente, nuestros pensamientos «boicoteadores» de carencia, de no merecimiento o de escasez han ido diseñando nuestra realidad. Si no, revisa tus pensamientos pasados y asócialos a tu realidad.

Si cambiamos el miedo o la duda por fe, podremos revertir cualquier situación. Pongamos un ejemplo: si queremos cancelar una deuda, vamos a visualizar la cantidad que debemos y, durante siete días, vamos a visualizarnos con el dinero en nuestras manos para poder ir a pagar la deuda. Imaginaremos que vamos al banco o al lugar que corresponda para pagar la cantidad que debemos y que cancelamos la deuda. No dudes, no tengas miedo ni pongas inconvenientes a la liquidación de las deudas. Te aseguro que la visualización detallada, junto a una actitud positiva, dará unos resultados increíbles.

Otro detalle importante: visualiza y decreta siempre en el momento presente, no hables en futuro. Siempre enfocado en el momento presente, aunque creas que todavía no ha sucedido.

Otro detalle: no prestes atención a las opiniones de los demás, ni comentes nada con otras personas. Los celos, incluso de la gente que te quiere, las limitaciones de los demás o sus propios miedos (muchas veces respaldados por sus experiencias) van a poner trabas en el logro de tus creaciones.

No hablo de magia ni de favores injustos, lograrás lo que te propongas a través de oportunidades para poder hacer realidad lo que te propongas.

No hables de manera negativa, no critiques a los demás, no te focalices en lo que no te gusta. Procura centrarte en lo positivo.

Las personas que aplican estas estrategias logran alcanzar sus sueños. Hay que aplicar cada una a su determinado ritmo, tener paciencia y la seguridad de que siempre se logra.

San Mateo 13, 12 (Sagradas Escrituras):

Porque al que tiene, se le dará en abundancia. Pero al que no tiene, incluso lo que tiene le será quitado.

El enigma de esta parábola es una palabra oculta: gratitud. Si tenemos gratitud, lograremos conseguir lo que deseamos, pero si no valoramos lo que tenemos ni agradecemos las oportunidades que nos da la vida, no seremos dignos de lograr nuestros objetivos. Incluso en el Corán lo indican. Nuestros sentimientos y pensamientos son energía, por ello, atraeremos a nuestra vida todo lo que ocupa nuestra atención y pensamientos. Cada acción de agradecimiento desencadena una reacción de recibir. No es tan sencillo, porque las actitudes deben ir ligadas a nuestras emociones, a nuestros sentimientos y a nuestra intención.

La vibración y sus principios

Todo en la creación, todo ser tiene una vibración y una frecuencia, dos cualidades que lo definen y que conformarán su materia. El universo vibra, todo vibra constantemente, aunque parezca que está estático, y lo hacemos porque estamos compuestos por átomos, cuyos electrones definirán la densidad del ser o del objeto. Todo vibra, los colores nos proyectan su vibración y nos hacen conectar con determinados estados de ánimo. Por eso hay colores que nos son más afines y otros que nos disgustan. Nosotros también emitimos vibraciones, unas vibraciones que dibujan las características de nuestra personalidad, de nuestro encanto, de lo que transmitimos a los demás. Nuestros pensamientos y nuestra actitud frente a la vida determinarán la calidad de estas vibraciones y, sin duda, influirán en el diseño del destino de nuestra vida.

Es importante tener en cuenta que la calidad de nuestros pensamientos influirá en la calidad de nuestras emociones y que al unirlas con nuestros pensamientos facilitarán el movimiento o la acción. La manifestación no es inmediata, puesto que «afortunadamente», la manifestación material requiere de constancia y de bajas vibraciones, mientras que, si logramos estar vibrando en alta frecuencia, lo negativo no puede afectar y lo positivo va generando frecuencias positivas.

Parece sencillo que, si los pensamientos gobiernan una parte importante de nuestra vida, controlarlos podría cambiar nuestro escenario de forma positiva, pero la realidad no es tan sencilla. Nuestros pensamientos, tanto conscientes como inconscientes, están condicionados por una herencia genética, unas experiencias vividas en la infancia y un mundo de los deseos que proyecta constantemente energías, afectando nuestra voluntad y nuestras decisiones. Nos generan dudas, sentimientos de culpabilidad, sentimientos de inferioridad, nos proyectan inseguridades o incluso pueden hacernos alterar la realidad, proyectando características en nosotros que están por encima de nuestras posibilidades.

No debemos permitirnos malos pensamientos. Cierto es que aparecen de forma inconsciente, pero al identificarlos, deberíamos expulsarlos de nuestro imaginario y no permitirles ser incisivos. Si logramos apartar los pensamientos limitantes y negativos, atraeremos energías más positivas, lo que ayudará a aumentar nuestro nivel de energía y nuestra vibración.

Tenemos tendencia a caer en la negatividad, de forma directa o indirecta. Por ejemplo, cuando las cosas nos van bien, tenemos tendencia a preguntarnos hasta cuándo irá bien, cuándo pasará algo que estropeará lo bien que todo funciona... tenemos un miedo que nos limita y condiciona. La vida funciona con los patrones de la naturaleza, no nos va bien porque seamos buenas personas o porque pensemos que nos merecemos lo mejor. La vida funciona por las leyes de la atracción y eso implica que seamos proactivos, que tengamos claras nuestras metas y que nos ocupemos en dar lo mejor de nosotros.

Cuando vibras desde el agradecimiento, desde la fe, desde la seguridad de que lo que vivimos es lo que tenemos que vivir y alejamos los miedos de nuestra vida, todo fluye y lo hace porque la vibración es mayor y a más frecuencia, más atracción de realidades positivas, saludables y prósperas.

Los sueños pueden cumplirse cuando te comprometes hacerlos realidad.

Tienes que afrontar tus sueños como si tuvieras la convicción de que pueden convertirse en una realidad. Siempre desde la humildad y el agradecimiento. La vida nos pide implicación, responsabilidad y actitud. La mayoría se preocupa, con lo que la energía que llaman es la de la carencia, la de la duda, la de los miedos. Cuando nos ocupamos de lo que nos interesa, estamos proyectando nuestra energía, con lo que la voluntad hará realidad lo que considerábamos imposible.

No vemos las cosas como son, las vemos con el filtro de nuestro mapa personal, ergo, las vemos como una proyección de lo que somos.

Un buen navegante no espera a que pase la tormenta, la capea.

Nos cuesta valorarnos, celebrar nuestros logros, dedicarnos tiempo para preguntarnos, para conocernos, para mimarnos.

Cambiar estas malas costumbres será esencial para lograr alcanzar nuestra mejor versión.

La paciencia nos enseña que lo que realmente deseas merece tu espera, por lo que se convierte en una gran aliada de tu destino y en una herramienta esencial de tu crecimiento personal.

Hay un destino que está reservado para cada persona y junto a él hay toda una serie de filtros o complementos que jugarán un papel determinante en el desarrollo de la calidad del destino que tenemos adjudicado. Por ejemplo, tus experiencias, tu memoria genética, tus preocupaciones, lo que aprendemos en el devenir diario de nuestras vidas.

Hemos de aprender a conectar con el Ser que somos y, a partir de allí, ocuparnos de desarrollarlo para lograr lo que deseamos tener. Solo así las cosas fluirán. Cuando nos olvidamos de quiénes somos y nos preocupamos por tener, encaminamos nuestras vidas a experiencias complejas y de baja vibración.

No dejes de vivir cada momento, por duro que parezca, desde la presencia, desde la plenitud, porque lo que pasa no regresa y, si no estamos presentes en el momento actual, después podremos arrepentirnos de cosas que no hemos vivido o que no nos hemos atrevido a hacer. Y dicen que es peor arrepentirse de lo que no hemos llegado a hacer que de lo que hemos hecho mal.

Si nos permitimos fluir, lograremos que la vida nos trate con amabilidad y nos permitirá conectar con la vibración del amor.

Consideraciones sobre la vibración y el ser humano

Existe un trabajo sobre la frecuencia del cuerpo humano, realizado por el biólogo Bruce Tainio en el año 1992, que concluye que un cuerpo humano se siente sano cuando su frecuencia de vibración oscila entre 62 y 72 MHz y que, en caso de disminuir, el sistema inmunológico puede verse afectado seriamente, lo que facilitará el malestar físico y psíquico de la persona.

Las frecuencias vibratorias forman parte de nuestro sistema energético, encontrándose también dentro de nuestro organismo, afectando o incidiendo directamente en cada órgano. Por ejemplo, en nuestro cerebro existen cuatro tipos de ondas cerebrales: ondas Alfa, Theta, Delta y Beta, con diferentes frecuencias de vibración y con características claramente diferenciadas. Al parecer, las ondas Beta son las más rápidas y, a su vez, las de menor frecuencia, lo que corresponde a un estado de alerta.

Por otro lado, las ondas Delta, más lentas, corresponden a un nivel de conciencia más elevado. Las ondas Alfa se caracterizan por ser más lentas que las Beta y se asocian a la tranquilidad y una mayor capacidad de atención. Las Theta son las ondas previas a las Delta y aparecen en la meditación y la desconexión del tiempo, por ello son utilizadas para realizar terapias de visualización, control de la respiración y de creación de realidades deseadas.

Hay infinidad de músicas sanadoras que trabajan con frecuencias por encima de los 333 MHz y otras, como la frecuencia de Nikola Tesla (369 MHz), se utilizan para crear proyectos o la realidad que hemos diseñado.

¿Cómo podemos lograr aumentar nuestro nivel de vibración a frecuencias saludables y óptimas?

- Desde la práctica del agradecimiento.
- La visualización positiva.
- Evitando la crítica y el juicio hacia los demás.

- Cuidar la alimentación, sin caer en prácticas extremas ni de rechazo ideológico.
- Incorporar el ejercicio diario en nuestra vida.
- Alegrarnos por los logros de los demás.
- Sonreír y reír lo que podamos.

9

La visualización del destino deseado

Todo lo que necesitas para hacer lo que deseas ya está en tu realidad. Lo único que necesitas es sintonizar con ellos.

La energía es infinita, las frecuencias y las vibraciones dependerán de nuestros pensamientos, de nuestras creencias. Lo importante es que nos entrenemos para aumentar nuestro nivel de conciencia. Superar los miedos es uno de los primeros pasos que tenemos que hacer. El miedo viene de la ignorancia y nos impide crear.

Cuando te enfrentas a tus miedos, estos desaparecen. Si no te enfrentas a ellos y te contienes, tu vida se detiene, tu vida se torna mediocre. La diferencia entre la mediocridad y la excelencia es el valor. El coraje de actuar lo que deseamos lograr. Solo nosotros mismos podemos cambiar nuestro miedo por coraje. Otros nos pueden inspirar, como puede hacerlo el leer este libro, pero solo dependerá de tus decisiones y de tus actos.

¿Cómo eliminar el miedo en nuestra vida? Primero hemos de centrarnos en saber lo que queremos en la vida. Las dudas nos generan inseguridades y estas potencian el miedo. Cuando dominamos lo que queremos, cuando conocemos los detalles de aquello que deseamos hacer, sentimos seguridad, nos sentimos valiosos y es cuando la confianza empieza a cambiar nuestra vibración.

Para lograr conocer lo que hacemos desde la excelencia (conocimiento puesto en acción) necesitamos trabajar nuestra voluntad, nuestra implicación y, sobre todo, mucha paciencia. Todo en la vida tiene sus tiempos, sus ciclos. Toda idea que se mantenga en la mente y se alimente desde el conocimiento y la voluntad, empezará a forjarse como una realidad. La paciencia y la dedicación aumentan nuestras vibraciones, las hacen más armoniosas y nos permitirán conectar con la abundancia del universo.

¿Cómo logramos cambiar las creencias limitantes?

Mediante pensamientos de confianza repetitivos. Tenemos que utilizar las afirmaciones hasta que las mismas nos transmitan la confianza y la seguridad de lo que estamos afirmando. Si cuando repetimos lo que deseamos, dudamos de lo que verbalizamos, estamos perdiendo el tiempo.

Desapego: hemos de desapegarnos de las creencias familiares limitantes. Muchas veces, nuestro origen humilde nos condiciona completamente y no nos permite conectar con nuestro potencial… es lo que denomino el efecto «patito feo». Hasta que no te distancias y conectas con tu esencia, no puedes mostrar tu verdadero potencial.

El autoestudio (conocimiento) potenciará la autoconfianza y esta eliminará la inseguridad. La inseguridad es un motor del miedo y al eliminarla, dejarás que la creatividad y la confianza actúen.

Si somos capaces de imaginar algo en la mente, somos capaces de realizarlo en el mundo físico. Si eres capaz de imaginarte rico, puedes lograr ser rico. Es necesario que tengas claro lo que para ti es ser rico… de cuánto dinero hablamos, de qué es lo que necesitas para decir que eres rico. Los detalles son importantes para una buena visualización y la constancia de la repetición ayudará a la realización de tus propósitos y deseos.

Volviendo a Joe Dispenza, experto en neurociencia, epigenética y física cuántica, nos dice que la personalidad crea la realidad
personal. Por ello, es de vital importancia de cara al control de
nuestro destino que dominemos nuestra mente, nuestra actitud
y nuestro pensamiento. La neurociencia lo demuestra a través de
la epigenética.

Nos demuestra que la forma de pensar, de actuar, de alimen-
tarnos, afecta en la generación de nuevos genes y, además, estos
incidirán en nuestro nivel de salud. Existe un entorno interior
que es mayor que el entorno exterior y este entorno interior es
el entorno exterior de la célula.

Según el modelo newtoniano, esperamos a que ocurra algo
para que nosotros actuemos en consecuencia. El modelo cuántico es completamente distinto, nosotros creamos una realidad
que nos hará vivir lo que deseamos sentir. Las mismas acciones
generan los mismos resultados, nuevas acciones generan nuevas
realidades.

Según la neurociencia, nos muestra que controlamos nuestro
destino. Los genes nos brindan nuevas oportunidades para cambiar la realidad. Lo que parece seguro es que lo esencial estará
acordado, pero los caminos que nos llevan a lo esencial pueden
variar completamente según nuestras actitudes y pensamientos.
Cuando nos superamos, cuando eliminamos pensamientos limitantes, dejamos de alimentar patrones limitantes. Para ir del yo
antiguo al nuevo hay un hueco que hay que cruzar. El nuevo
estado de existencia respaldará un nuevo yo. Podemos regular
23 nuevos genes con solo trasladarnos a un estado más elevado
(que podemos conseguir mediante la meditación, la respiración
consciente, la toma de conciencia).

Nota inspirada en la experiencia:

Podemos construir nuestro destino, incidimos con nuestro carácter y con nuestras acciones en la calidad de nuestras experiencias, pero, al igual que los arquitectos, los hay de un nivel mediocre y las hay de un nivel exquisito, o viceversa. Personalmente, soy consciente de que incido en la creación de mis experiencias y en la calidad de mi creación, por ello, puedo asegurar que todavía no he alcanzado el nivel de excelencia en mi capacidad creativa. Si deseo algo, lo acabo consiguiendo, pero raramente iguala el nivel de mi ilusión o de excelencia. Por lo que he de continuar incidiendo en la calidad de mis pensamientos, en mi capacidad creativa y, sobre todo, en la correcta gestión de mis emociones: por ejemplo, dejar de ser tan exigente, bajar mi nivel de crítica, ser más flexible y tolerante y abrir más mi mente, si cabe.

De la programación neurolingüística aprendí una técnica de visualización, llamada **puente al futuro**, que está basada en la experiencia de la cantante y actriz Barbra Streisand.

Esta técnica consta de una metódica o protocolo:

- Visualizaremos la meta que queremos lograr, como si ya estuviera alcanzada.
- Repasaremos mentalmente todo lo que hemos realizado para poder lograr ese objetivo, intentando ser lo más detallistas y cuidadosos con todo lo que hicimos, procurando que se vayan describiendo por orden cronológico.
- Nos queda una línea de tiempo repleta de etapas que hemos ido realizando.

Concretando: una vez nos visualizamos con el logro de lo deseado, iremos retrocediendo en el tiempo para ver y analizar todo lo que hemos hecho para poder lograrlo, detalles como actividades que realizamos para poder adquirir las habilidades necesarias, momentos vividos, incluyendo las emociones y detalles sobre lo vivido, sentir las emociones que nos provocaron cada momento y el estado anímico en el que nos sentimos. Cuantos más detalles podamos incluir, mucha más fuerza adquirirá nuestra visualización. La fuerza de la visualización influirá en nuestra vibración y esta conectará con la esencia universal que actuará como facilitadora de lo que estamos deseando.

10

¿Seguir al corazón para cumplir nuestro destino?

¿Cuántas citas nos recomiendan seguir los designios de nuestro corazón? Ejemplos en novelas, en frases hechas, en consejos de amistades... donde el corazón te lleve; a tu corazón; lo que el corazón te pida...

La verdad es que, en un mundo donde el amor está contaminado por el sentimentalismo, escuchar al corazón puede ser complicado e incluso arriesgado. De ahí la importancia de jugar con todo nuestro potencial: mente, cuerpo y espíritu. La mente, porque será donde valoraremos, pensaremos y contemplaremos todas las variables de lo que sentimos, deseamos o queremos.

El cuerpo, porque a través de él apreciaremos las sensaciones que nos produce lo que estamos pensando: si nos da dolor de barriga, si nos genera ansiedad, si nos provoca sudoraciones o palpitaciones, si nos impide dormir con tranquilidad, si nos hace comer compulsivamente, si nos quita el hambre, y así, un sinfín de sensaciones que podremos constatar si somos capaces de escucharnos y observarnos.

El espíritu, porque según parece, el corazón es el hogar del alma y la sangre juega un papel fundamental en la vida, tanto en sentido práctico como en el figurativo.

Por lo tanto, cuando hablamos de seguir lo que nos dicte el corazón, debemos de ser precavidos y discernir si responde a un deseo sentimentalista o al resultado de una introspección, donde de forma holística (mente, cuerpo y emoción) hemos valorado lo que deseamos realizar.

Todos y todas tenemos carencias, malas experiencias, traumas (conscientes o inconscientes) que condicionarán nuestras reacciones, nuestras decisiones e incluso nuestra forma de interpretar el escenario de la vida. De ahí que, en muchas ocasiones, un mismo acontecimiento puede generar reacciones totalmente distintas entre los protagonistas o testigos de este.

La vida no es un cuento de hadas, la vida se rige por las leyes de la naturaleza y la naturaleza, a ojos del ser humano, es tan sabia como cruel. Cada error tiene sus consecuencias y el perdón y la compasión no forman parte de su dinámica. Estamos en un mundo escuela, hemos venido a aprender a amar. Amar en su verdadero sentido, a desprendernos de los apegos, de los sentimentalismos, de las dependencias, de la posesividad, del control, del juicio… y hemos de aprender a aceptar, a compartir, a permitir, a discernir sin juzgar ni condenar. Aunque parezca sencillo, es realmente muy complicado, puesto que desde pequeños nos han enseñado a juzgar, nos han hecho posicionarnos en un lado o en otro, nos han inundado de prejuicios, nos han potenciado los miedos y las inseguridades y lo peor de todo es que no se han ocupado de acompañarnos en la aventura de descubrir nuestro propósito, de permitirnos conectar con aquello que realmente nos hace únicos y nos permite fluir con el entorno.

Sin duda, un poco de miedo, un poco de precaución y de reservas son imprescindibles para lograr una mayor seguridad y bienestar; son como la sal, la pimienta y las especias en la cocina: si nos pasamos, estropeamos la comida y, del mismo modo, si estamos muy condicionados por el miedo, no podremos ser creativos, no podremos tener confianza en nosotros mismos ni transmitirla a los demás. El miedo y la fe vibran en una misma frecuencia. Cuando hay uno, no puede haber el otro. Por ello, la verdadera fe nos aporta tranquilidad, confianza y seguridad, ingredientes indispensables para poder conectar con la esencia personal, ergo, con el poder de realizar nuestros propósitos.

Conclusión: es bueno seguir los designios del corazón, pero solo cuando han sido meditados, analizados, contrastados y sentidos.

La emoción es movimiento, pero el movimiento sin rumbo y dirección nos puede llevar a la deriva.

11

La importancia de la verdad, el mal de la mentira

Satanás es el padre de las mentiras.
JUAN 8, 44

Hablando a la multitud que lo escuchaba, Jesús les comparte algo realmente importante: «Vosotros sois de vuestro padre el diablo, y los deseos de vuestro padre queréis hacer. Él ha sido homicida desde el principio, y no ha permanecido en la verdad, porque no hay verdad en él. Cuando habla mentira, de suyo habla; porque es mentiroso, y padre de la mentira» (Juan 8, 44).

La mentira es el arma que utiliza Satanás en su estrategia para separar a los seres humanos de Dios. Algunas de sus mentiras están muy en uso en nuestra sociedad: Dios no existe; no se puede confiar en la Biblia; si existiera Dios no existirían estas injusticias; el hombre necesita a Dios porque teme no encontrar sentido a la vida; no te preocupes por disfrutar de los placeres de la vida, al final Dios te perdonará...

La Biblia nos enseña que todos los mentirosos «tendrán su parte en el lago que arde con fuego y azufre». Esta es la segunda muerte (Apocalipsis 21, 8). Proverbios 19, 9 también nos enseña que toda persona que mienta tendrá su castigo.

La mentira va de la mano de la manipulación, de los bajos instintos, del egoísmo, de la crueldad, del miedo a la verdad, de la falta de argumentos, de intereses ocultos, etc. Por lo tanto, jamás aportará valor ni nos ofrecerá bondades. Cuando hablamos de mentiras piadosas, no podemos considerarlas mentiras, si salen de una voluntad de aportar bondad, de ayudar a otra persona, a solucionar un problema o a evitar un mal mayor.

La verdad nos hará libres, aunque comporte contratiempos o prejuicios en un primer momento. La vibración de la verdad es saludable, es conectar con la conciencia elevada.

Vi veri universum vivus vici es una frase en latín que significa: «Por el poder de la verdad, yo, estando vivo, he conquistado el universo».

La verdad proviene del «Verbo» y su vibración es armónica, capaz de crear realidades y de proyectar la esencia de la energía del Padre/Madre creador.

La verdad absoluta existe, aunque no estemos preparados para poder apreciarla, por los innumerables filtros de nuestra mente. Tenemos una mentalidad limitada, llena de prejuicios y que se escuda en la ciencia (método de valoración y comprobación) que no siempre es acertada. El método científico ha mostrado muchas deficiencias, como todas las ciencias a las que damos tanto valor, desde la estadística hasta las matemáticas.

La mentira va unida a la distorsión, afectando a nuestra realidad, generando inconvenientes e interfiriendo en la vibración de nuestras células, lo que puede influir en el estado de nuestro bienestar físico (generar enfermedades) y emocional.

La verdad nos hace libres

Venimos a aprender a actuar nuestro don, a gestionar nuestras emociones y conectar con el amor. Lograrlo hará que podamos trascender lo predestinado y convertirlo en lo creado.

En el vasto universo de nuestra realidad existe una herramienta que puede transformar nuestra realidad: la gratitud. Las afirmaciones de gratitud son semillas de luz y productividad. Con cada afirmación de gratitud estamos recordando al universo la magnitud de las pequeñas bendiciones que ya poseemos.

Para cocrear una realidad de propósito y realización debemos tomar conciencia del poder del Yo Soy. En cada afirmación construiremos puentes hacia la prosperidad, la salud y el bienestar. Cuando conectamos con la gratitud, cerramos la puerta a los resentimientos, a la ira, al odio o a la tentación de adoptar papeles de victimismo.

Cuando damos las gracias es como construir puentes con el universo que nos permitirán conectar con la prosperidad. Podemos cambiar nuestras vidas, simplemente cambiando nuestras palabras… vibraciones positivas y frecuencias constructivas.

Parece reiterativo, pero es imprescindible hacer hincapié en la importancia del agradecimiento. Es como la compasión en el amor. Todos llevamos un «trauma» en nuestro libro de la vida, todos tenemos algo que nos molesta del pasado, a alguien a quien culpamos o responsabilizamos de nuestros fracasos o de nuestra desgracia. No son pocas las personas que responsabilizan a sus padres o sus parejas de sus males, de lo que no pudieron hacer, de lo que les hicieron, de lo que les maltrataron o limitaron… hay infinidad de ejemplos y de casos que podría citar, pero lo único que haría sería potenciar la morbosidad por conocer la desgracia ajena. No podremos evolucionar si no logramos pasar página, perdonarles y dejar de criticarlos.

12

La chusma

Es una curiosa palabra, que en España la entendemos como despectiva hacia la persona a la que definimos, pero que en Sudamérica la asocian a las personas chismosas, ávidas de conocer la realidad de terceras personas y así poder compartirla con otras personas, siempre junto a su visión, opinión o crítica, generando conversaciones y buscando tener un cierto protagonismo.

He querido incluirla en un capítulo porque es el nombre de uno de los locales (cafetería) donde solemos ir a desayunar mi mujer y yo. Un lugar cerca de casa, de decoración estilo generación de los *millenials:* muebles de madera, cuadros con frases filosóficas o de pensamientos humanistas, sobriedad en la decoración y alguna que otra planta. Allí suelo tomar un exquisito bikini (sándwich de jamón y queso) y un mate con su bombín y toda su liturgia.

Es curioso observar cómo la curiosidad y el chismorreo no tienen fronteras, al igual que la envidia y la crítica, que alimentan los egos de los más mediocres, de aquellas personas que no se atrevieron a ser quienes querían ser o que acusan a los demás de sus fracasos en la vida. Hay programas de televisión y de radio que hablan horas y horas de la vida de famosos, de sus intimidades, de chismorreos y se atreven a juzgarles y criticarles sin piedad…

Lo que igual desconocen es que en la vida todo vuelve, como cuando lanzamos un bumerán, regresa a nosotros con más fuerza e intensidad, por lo que cuidemos nuestras actitudes y nuestras palabras, procuremos ser comprensivos; practiquemos la empatía y evitemos críticas destructivas.

Es evidente que todos tenemos derecho a dar nuestra opinión, a compartir nuestra visión y a comentar lo que nos apetezca, pero siempre desde el respeto y la empatía.

Si lo que vas a decir no es más bello que el silencio, no lo digas.
PROVERBIO ÁRABE

La vida nos enseña, gracias al tiempo, que hay que ver en perspectiva todo lo que nos sucede, porque los acontecimientos son los que son, pero la forma en que reaccionemos ante ellos solo depende de nosotros. Y está claro que, dependiendo de cómo nos tomemos los acontecimientos, tendremos una vida más o menos tranquila.

Personalmente he aprendido que nada es tan importante como para alterarnos y hacernos perder la tranquilidad.

Generalmente, las personas somos como los carruajes de la antigüedad: cuanto más ruido hacemos, más vacíos estamos. Si pierdes el tiempo cuchicheando, hablando de los demás y escudriñando intimidades de terceras personas, es porque tu vida no tiene mucha esencia. Una persona con una vida plena, con propósito, no pierde el tiempo hablando mal de los demás, ni buscando trapos sucios ni interesándose por las intimidades de terceras personas.

Quizás necesitemos leer más, estudiar o interesarnos por temas que nos aporten valor para evitar caer en estas prácticas que embrutecen el alma y no aportan valor.

13

¿Existe la reencarnación o es una invención?

Después de más de cuarenta y cinco años profundizando en este tema, experimentando y estudiando testimonios, he llegado a una conclusión:

La reencarnación existe, como existen los planetas y como existe la astrología, que en definitiva fue la madre de la astronomía. La reencarnación como tal no aparece en la Biblia, ni es reconocida por la Iglesia católica, pero sí que hay menciones indirectas sobre su posible existencia. Incluso los apóstoles preguntan a Jesús sobre casos en los que dudan si el niño está pagando por un pecado propio (de otra vida) o por sus padres. Y diversas menciones sobre los profetas y su venida con distintas personalidades: Mateo 7, 1-2; 16, 27; 26, 52; Juan 8, 34; 2 Corintios 5, 10 y Gálatas 6, 7.

Si partimos de la base de que Satanás es el príncipe de este mundo, sus reglas y sus lazos dependerán de sus reglas de juego. Y como en esas reglas de juego, Dios ha de ser testigo y estar conforme, en el apartado de la reencarnación hay dos leyes. En una, el alma tiene la oportunidad de ir regresando, encarnando en distintos cuerpos y personalidades, cambiando de casa (signo del zodíaco), con el fin de ir aprendiendo y creciendo… en la otra, si el alma conecta con la energía de Cristo y es inspirada por el Espíritu Santo, abandonará el ciclo de las reencarnaciones y ascenderá directamente, en lo que llamamos resurrección.

Las vidas son como nuestra propia vida: después de vivir durante todo un día, nos vamos a dormir y nos volvemos a levantar… vamos repitiendo el ciclo hasta que llega el día en que debemos de abandonar esta encarnación. Lo que dejamos para hacer durante el día, nos tocará hacerlo al día siguiente o al otro. El alma es inmortal, o al menos lo es hasta que Dios lo decida, y como tal, va materializándose mediante encarnaciones que le permiten aprender todas las características que el Padre creador tiene pensadas para cada ser. Encarnación tras encarnación experimentamos emociones, condiciones, género, cultura, y aprendemos a ser resilientes, superando adversidades y poniendo distancia entre lo que sentimos y lo que somos. Aprendiendo a AMAR, a crear, a servir.

Cristo vino como hijo de Dios, y lo hizo para poder ser compasivo, dentro de la justicia divina. La justicia es amor y, para que pueda cumplirse sin ser caprichosa ni partidista, debe de compensarse con sacrificios. Y eso es lo que hizo mediante Jesucristo: soportar el dolor que debería de infringirse a la humanidad por todos sus descarríos y maldad.

Podemos relacionar la reencarnación con la existencia del destino. Si lo vinculamos a la reencarnación, veremos con claridad que el destino es el resultado de lo que definiríamos como el resultado de lo vivido, lo aprendido y lo que queda por aprender en ese período. Conceptos como el karma (ley de causa y efecto) también participarían de forma activa en el diseño de ese hipotético destino. Y, a pesar de todo, el libre albedrío seguiría jugando un papel fundamental en la partida de la vida.

La actitud, la voluntad y el nivel de conciencia serán los factores determinantes para el cumplimiento de propósitos, el logro de la felicidad y nuestra evolución.

A mayor compromiso con estas variables, mayor fluidez, es decir, mayor facilidad para que todo transcurra según lo programado.

Las personas rebeldes, las personas caóticas y las personas muy dispersas crean vidas más movidas, con mayor número de complicaciones y de situaciones traumáticas, puesto que van rompiendo «contratos de vida» y modificando las condiciones de forma continuada. Lo que conlleva un gasto extra en el modelo organizacional del universo.

14

Los siete dones del Espíritu Santo

1. Sabiduría: la capacidad inspirada para poder comprender y actuar la voluntad de Dios, desde el discernimiento y la voluntad.
2. Entendimiento: habilidad de comprender perfecta y profundamente las verdades de la Fe.
3. Consejo: capacidad de tomar decisiones acertadas y poder aconsejar a otros.
4. Ciencia: conocimiento de las verdades reveladas por Dios y su aplicación en la vida.
5. Piedad: reverencia y amor filial hacia Dios, así como a los demás.
6. Fortaleza: fuerza espiritual para superar obstáculos y resistir las tentaciones.
7. Temor de Dios: reconocer la voluntad y poder de Dios y el deseo de no querer ofenderlo.

¿Qué es el Espíritu Santo?

El Espíritu Santo es Dios en acción. Una misma energía: Padre, Hijo y Espíritu Santo. Una energía que nos va inspirando a la vez que vamos logrando un mayor nivel de conciencia. Como inspiró a los Apóstoles cuando Jesucristo ascendió, permitiéndoles desarrollar los dones de la inspiración, con la que escribirían las Sagradas Escrituras y el don de la sanación.

En hebreo es *ruah*, la energía que inspira todas las cosas, que aporta vitalidad a todos los seres. Es la presencia de Dios. Invisible y poderosa. Sustenta toda la vida y da la capacidad de comprender y conocer.

En el fondo, todo está conectado a Dios, el universo visible que es finito, a pesar de tener dimensiones que abarcan eones y eones de años luz, y el no visible o «campo», donde se concentra una energía de tal intensidad que crea constantemente, e inspira nuevas creaciones, además de guiar a las almas, tanto a las grupales como a las individuales y de mayor nivel de evolución.

Entre esta inmensa energía y el alma más insignificante hay un punto de unión, como tienen las Neuronas con las dendritas y los axones. Aunque no puedan reconocerse o verse, están unidas. Forma parte de la magia de la creación, de lo incomprensible para la mente humana, de la magnificencia de Dios. Desde la mente humana no tenemos argumentos para poder demostrar la existencia de Dios, pero de la misma forma, no tenemos argumentos que puedan demostrar su inexistencia. Solo nos basamos en suposiciones, unos desde la sensación y la intuición y otros desde la lógica disfrazada de ciencia, pero nadie puede postularse como poseedor de la verdad. Es ahí donde la Fe (en mayúsculas) tiene su papel y ofrece sus bondades. La fe nos genera una vibración distinta a las demás, nos conecta con algo que no podemos describir pero que nos acompaña en cada situación, que nos llena de «casualidades» positivas y de realidades que nos ayudan, pero que no podemos explicar.

Mi intención es la de lograr que, al leer este libro, algo en el interior de cada ser se conecte con la energía de la fe, y dejando de lado la crítica de la razón, conecte con la energía del corazón.

La ventaja de la fe es que refuerza nuestra capacidad de creer en nosotros mismos, nos da confianza y nos libera del miedo, lo que nos permite conectar con nuestra esencia y lograr ser nuestra mejor versión, sin miedos, sin inhibiciones, sin filtros. La fe y el miedo (en su variación, la agresividad) vibran en el mismo plano, pero con frecuencias distintas, lo que implica que, si uno ocupa ese plano, no permite al otro vibrar. Así pues, si tienes miedo, no tienes fe.

La fe se transmite con el ejemplo, con una forma de vida, con una calidad de pensamientos, con unas actitudes que nos llevan a relacionarnos desde el afecto, el respeto y la compasión. La fe se contagia cuando lo que hacemos inspira bondad en los demás, cuando despierta inquietudes e infiere seguridad a quien antes no confiaba, no creía o temía lo peor.

15

El poder del silencio

Si el habla es plata, el silencio es oro.
PROVERBIO ÁRABE

El poder de la mente subconsciente nos abre nuevos horizontes y nos muestra la energía que nos acompaña y todo lo que puede aportarnos al saber utilizarla correctamente.

Hablaremos del efecto Pigmalión y del efecto observador: la influencia de terceras personas puede afectar nuestros propósitos.

La paciencia y la voluntad son claves para poder materializar nuestros deseos o propósitos. Entre las características de la paciencia está el saber guardar silencio sobre los proyectos que deseamos realizar.

Cuando compartimos detalles, como el de nuestros ingresos, el de nuestra prosperidad o el de nuestros logros, pueden conllevar críticas o celos en otras personas, cuyos pensamientos, conscientes o inconscientes, podrán afectar la esencia de nuestra realidad. Trabajar en silencio, mantener secretos y respetar la realidad de otros será esencial de cara al logro de los objetivos de nuestra vida. Tenemos un buen ejemplo en los actores, nunca comparten sus nuevos proyectos, al menos hasta que estos no son una realidad bien confirmada.

No confundamos el silencio o la «discreción» con respecto a nuestros sueños o proyectos, con el silencio o hermetismo ante el devenir cotidiano. La comunicación se basa en el compartir, desde el respeto y la empatía, nuestra opinión o parecer en cualquier ámbito de nuestra vida. Es de agradecer que tengamos la valentía y la seguridad de poder participar en cualquier debate, en cualquier tertulia o incluso en cualquier oportunidad en la que se nos pida que participemos y que compartamos nuestro sentir o nuestra visión. La comunicación es esencial para las relaciones y una buena comunicación es una garantía de éxito, no solo en la vida personal, sino también en el mundo laboral.

Para una buena comunicación ha de existir una actitud adecuada, y esta se basa en saber escuchar, comprender desde el punto de vista de la otra persona, pensar lo que se ha dicho y lo que vamos a decir y comentar lo que desde nuestra perspectiva pensamos que es lo mejor.

Una de las cosas más importantes de la vida es el descubrir dentro de nosotros la conexión espiritual o quietud interior. Una quietud que nos conecta con el creador. Muchas veces es muy difícil conectar con ella por el ruido exterior que nos envuelve. No acostumbramos a hablarnos, no nos preguntamos sobre lo que deseamos o sobre lo que nos conviene, no nos paramos a reflexionar sobre lo que hemos hecho durante el día, sobre las buenas acciones y sobre las acciones mejorables, por lo tanto, es difícil que asumamos responsabilidades o gestionemos nuestro destino.

El silencio no es sinónimo de desconexión, sino de reflexión. La vida nos regala desafíos constantemente, tribulaciones que nos ponen al límite e incluso experiencias que nos hacen tambalear. El silencio nos permite integrar, asumir, sacar conclusiones.

Tenemos que aprender a ser nuestra propia autoridad, a ser capaces de reconocer lo que nos dicen o aprendemos como algo nuestro, es decir, a integrarlo mediante el reconocimiento y la práctica.

No se trata de que en la vida aceptemos todo lo que nos sucede, sino que sepamos ver su significado, con el fin de que podamos aplicar correcciones o integrarlo según lo que entendamos, y siempre desde la perspectiva que nos dan el distanciamiento, el tiempo y la templanza.

16

La importancia de la inteligencia emocional y el autoconocimiento para conectar con la mejor versión de nuestro destino

La inteligencia emocional, independientemente de que desde unos años se haya puesto de moda, e incluso sabiendo que genera algún que otro rechazo por hartazgo, es el primer paso para poder conectar con nuestra verdadera esencia y comprender la de los demás. Desarrollar la inteligencia emocional nos ayuda a conocernos, reconociendo nuestras emociones y lo que nos generan determinadas situaciones, para así poder comprenderlas y transmutarlas.

Claves esenciales para conectar con nuestra esencia y mejorar nuestra inteligencia emocional:

1. Conectar con nuestra conciencia: comprender el grado de influencia de nuestras emociones en nuestra toma de decisiones, ergo de nuestras acciones. Ello nos permitirá conectar con nuestros valores y poder alinearlos con la toma de decisiones y nuestro estilo de vida.

El análisis personal basado en el DAFO, que nos permitirá reconocer nuestras debilidades y las amenazas de nuestro entorno y convertirlas en fortalezas y en posibilidades futuras. Así como reconocer nuestras fortalezas, para poder sacarles el máximo rendimiento y alinearlas a nuestras estrategias para lograr nuestros propósitos. Esto nos abrirá las puertas y nos alineará con las oportunidades que el universo nos brinde.

2. ACI: las siglas integran conceptos como la capacidad de autogestión (implica autocontrol y capacidad de afrontar los cambios desde la adaptabilidad), la honestidad e integridad, que implican saber cumplir con los compromisos y vivir desde la implicación. En resumen, capacidad para saber cunado y dónde debemos de estar, porque sabemos que estaremos a la altura de esa situación y podremos estar con prestancia. El autoconocimiento nos hace alinear los objetivos a nuestros recursos (presentes o futuros, en el caso de que queramos invertir en habilidades que no tenemos)

3. Pasión: hemos de conectar con el impulso de nuestro corazón para poder proyectar pasión en aquello que decidamos hacer o queramos lograr. La pasión nos da la iniciativa imprescindible para el logro y la actitud adecuada para hacerlo realidad: implicación, capacidad de sacrificio, esfuerzo, renuncia, dedicación, compromiso, ánimo... y sobre todo autoestima. Sin la autoestima seremos presa de personas manipuladoras y maltratadoras. No seremos capaces de hacernos valer y caeremos en el juego de la

autocompasión o el victimismo, que tanto condicionan y limitan.

4. Compasión y empatía: ausencia de juicio y predominio del discernimiento. Saber ponernos en la situación de los demás, y sin tener que compartir su visión, tener la capacidad de comprender sus realidades.

Saber en qué podemos ayudar a los demás a mejorar su realidad, con un mínimo de capacidad de servicio y la humildad suficiente para no levantar muros entre nosotros y los demás. Capacidad para comprender, paciencia para asumir otras realidades, otras necesidades y, sobre todo, la capacidad de conectar con la visión de los demás.

5. Inspiración: ser capaces de contagiar con nuestro ejemplo, de transmitir entusiasmo desde nuestra manera de actuar y de hacer.

Todo destino tiene varias vías de expresión o de realización, cada una de ellas está íntimamente ligada al nivel de conciencia que tengamos, y cabe señalar que según vayamos actuando y resolviendo las tribulaciones de la vida, tendremos la oportunidad de avanzar en nuestra evolución.

Cuando siembras un pensamiento cosechas una acción; cuando siembras una acción, cosechas un hábito; cuando siembras un hábito, cosechas un carácter; cuando siembras un carácter, cosechas un destino.
PAULO COELHO

Podemos considerarnos afortunados por la vida que tenemos y la generación que nos ha tocado vivir, todo y que hay datos, que nos deja la estadística, que no dejan de ser muy curiosos: si consideramos un grupo de cien personas al acabar los estudios y entrar en el mundo laboral (podría ser sobre los 24 o 25 años), todas con herramientas para afrontar las vicisitudes de la vida, llenas de proyectos, ilusiones y ganas de lograr sus propósitos, veremos que a la edad de la jubilación, los resultados son muy reveladores o, para algunos, decepcionantes, puesto que de las cien personas, solo una habrá logrado una riqueza que le permita crear su imperio o hacer sus sueños realidad, nueve habrán logrado cierta seguridad económica que les permitirá vivir con desahogo y cumpliendo sus propósitos, veinte podrán disfrutar de ingresos o bienes que les permitan vivir al día, sin caprichos ni pretensiones y una gran mayoría (70) no tendrán suficiente para vivir y hacer frente a sus obligaciones, con lo que o no podrán jubilarse o vivirán con carencias.

Seguramente las actitudes habrán determinado las elecciones en nuestra vida y estas habrán configurado nuestros destinos. De ahí la importancia de las actitudes, de los valores que asumimos en la vida y de lo consecuentes que somos con ellos. Nos cuesta tomar decisiones, nos cuesta analizar y pensar, queremos que nos lo den todo hecho, que nos distraigan y nos cuiden, con lo que dejamos nuestros destinos en manos de los que nos manipulan. Nos hacen ir de un lado hacia otro sin escrúpulos. Nos dan lo suficiente para convertirnos en conformistas, nos alimentan los miedos, los prejuicios y el egoísmo para que no seamos capaces de actuar. El excesivo paternalismo de los estados no es resultado del afecto que tienen por los seres humanos, sino por el deseo de dominio y la avaricia de unos pocos.

La mayoría de los seres humanos trabaja porque no hay otra opción: es lo que toca, o sin trabajo no hay dinero… Hay una profunda desconexión entre el propósito del ser humano y sus intenciones.

Muchos venimos a este mundo a pasar el tiempo, a cumplir normas y seguir directrices, y nos olvidamos de poner en acción nuestro don, de compartir nuestro verdadero propósito.

Una persona exitosa es aquella que puede actuar el propósito que realmente desea. En lugar de enfocarnos en competir con otros, deberíamos centrarnos en alimentar nuestro propósito y ser excelentes en su ejecución.

En la vida hemos de tener metas, luchar por alcanzarlas y perseverar en su logro. Es la única fórmula para el éxito. Los marineros dicen que un barco sin destino no puede seguir una ruta y sin ella solo hay un destino: la deriva.

Vivimos en la vibración del miedo: miedo a la tecnología, miedo al cambio, miedo a la evolución, miedo al miedo… Y no nos permitimos ver el amplio abanico de posibilidades que cada cambio social nos proporciona. Si lográramos vivir desde el compromiso por la curiosidad en lugar de vivir por el pensamiento de la comodidad y el inmovilismo, seríamos mucho más afortunados.

Una persona que estructura un propósito siempre lo logra. Analiza cuáles son tus pensamientos y luego comprueba cuál es la realidad de tu vida. No es el destino, es tu voluntad.

Cuando alguien mejora su cotidianidad, muchos le dicen que vive por encima de sus posibilidades, lo critican y esperan su caída… Pero no comprenden que todo es posible para aquella persona que tiene fe. Aquellas personas que buscan las circunstancias que necesitan y si no las encuentran, las crean, son las personas que logran sus objetivos.

Los pensamientos de victimismo, de excusas y limitaciones nos anclarán en la mediocridad y en una vida de carencias. Lo que decidimos potenciar será lo que nos dará frutos en la vida.

Si la actitud es la adecuada, podemos reconstruir nuestra vida de cualquier contratiempo. De hecho, la mayoría de los multimillonarios han sufrido fracasos, se han arruinado o han vivido serios inconvenientes, pero su actitud no ha flaqueado, siempre han tenido la voluntad de recuperarse y volver a empezar.

Vivimos demasiados problemas de ansiedad, de angustias, de estrés y de colapsos por falta de confianza, por no saber modular nuestros deseos, por intentar realizar los propósitos de otros en lugar de centrarnos en nuestros verdaderos deseos.

Todos tenemos un destino que previamente hemos acordado, por eso mismo, no deberíamos de vivir desde el miedo ni la duda, sino desde el entusiasmo y la total implicación con la realidad que deseamos vivir.

Todo en la vida tiene su precio, puesto que toda acción obtendrá una reacción. Si somos conscientes de nuestro poder y del poder de la bondad, estaremos mucho más cerca de lograr una vida feliz y plena. Estamos en un mundo guiado por las reglas de la naturaleza, unas reglas implacables y extremadamente duras. Los seres humanos tenemos una conciencia que nos permite estar por encima de las leyes de la naturaleza y la compasión, el perdón y el amor nos dan la oportunidad de vivir desde un nivel de vibración muy superior al de la naturaleza.

Es curioso cómo la mayoría de personas que critican los libros de inteligencia emocional o los ensayos de autoayuda, son personas que tienen inseguridades y carencias que han escondido bajo caracteres displicentes, fuertes personalidades o unidas a dependencias emocionales.

Las personas con un mayor coeficiente intelectual que he conocido, con méritos académicos y con sobradas habilidades sociales, son muy respetuosas con el tema de la inteligencia emocional, incluso procuran promoverla en sus entornos y aplicarla en su vida diaria.

Hay personas que nacen con este «don» y saben comprender la realidad del otro de forma inmediata, conectar con sus debilidades o carencias y darles el consejo que les permite convertirlas en una oportunidad para su crecimiento y para transformarlas en fortalezas.

Ejercicio

Escribe lo que más deseas obtener y detalla ese objetivo con toda suerte de descripciones. Observa lo escrito varias veces al día y piensa que esta realidad se plasmará pronto.

Cuando un pensamiento negativo o temor te invadan, cámbialo por la visión positiva del logro de tu objetivo. No permitas ni un pensamiento destructivo o pesimista.

Si logramos actuar esta máxima, estaremos dentro del pequeño porcentaje de personas que logramos lo que deseamos.

17

Las buenas vibraciones y la gestión emocional determinarán gran parte de nuestro destino

Las emociones son la razón de casi todo, desde una emoción creamos, desde una emoción nos movemos para comprar, consumir o descubrir algo, desde una emoción logramos generar energía para afrontar un reto, un proyecto o cualquier relación.

Las personas que trivializan las emociones no son conscientes del poder de las vibraciones que generan. Vibraciones capaces de interferir en el equilibrio energético del cuerpo, en la fortaleza de nuestro sistema inmunológico y en la gestión de nuestras relaciones, tanto personales como laborales. Además de su influencia en el humor, que será determinante en la fórmula del éxito personal.

Cuando estudias programación neurolingüística (PNL) te das cuenta de que los demás no son los culpables de nada de lo que te sucede, sino cómplices de tu contrato vital, puesto que venimos a este mundo a aprender, a crecer y a experimentar con el fin de aprender a amar.

Gestionar las emociones no implica reprimirlas ni vivir bajo yugos moralistas. Gestionar implica saber reconocerlas, conocernos y dominarnos. Si queremos ser excelentes, entonces añadiremos la variable de la empatía, o el saber comprender la visión del prójimo. Comprender no significa compartir, implica saber ponernos en la situación de la otra persona, contemplar su visión y sus circunstancias.

La gente que pierde el control, que solo ve lo negativo de los demás, que es crítica, negativa y muy exigente para con todo el mundo excepto para consigo mismas, se convierten en personas tóxicas. En personas que contaminan el ambiente, generan malestar y que cuando dejas de verlas sientes que te han robado energía o han logrado enturbiar tu bienestar.

La gente que habla de sí misma todo el tiempo, que busca reconocimiento, que busca protagonismo, que se compara constantemente con los demás, son personas que tienen grandes carencias y que al final enturbian el ambiente y generan malestar.

Generalmente, los críticos de la inteligencia emocional son grandes desconocedores de sus beneficios y de la incidencia que tienen las emociones en el estado de salud físico y mental de las personas. Todos sabemos reconocer cuando en una reunión o en un grupo hay un buen ambiente o sentimos sensación de bienestar, confianza, paz, seguridad, y sensaciones que nos permiten ser nosotros o nosotras mismas.

De todas formas, hay personas que tienen difícil solución, ergo por esa razón es más inteligente no perder el tiempo intentando convencerles de nada. Generalmente son críticos con el entorno, con la sociedad, con las circunstancias de su vida y no se sienten ni responsables de la realidad ni capaces de influir positivamente en la realidad de la vida.

No me extenderé más en este tema porque está detallado en mis libros *Más allá del sentido común* y *Lo esencial*.

18

Los saltos generacionales: gestionarlos con inteligencia emocional

Es curioso observar cómo la vida transcurre y, sin saber el cómo ni el porqué, la visión de la vida, las costumbres y las tendencias van variando... y, aunque se repitan generaciones después, tienen una impronta que da fuerza y autenticidad a la generación que las valida.

Por ejemplo, yo soy *boomer* (a mucha honra, aunque si pudiera cambiar cosas, las cambiaría). Nos define la capacidad de trabajo, de esfuerzo y de compromiso, aunque somos un poco rígidos y no nos hemos sabido poner en valor o, al menos, nos ha costado mucho lograrlo. Mi pareja es generación X: Tienen mayor autoestima, buscan el éxito y les encantan las comodidades de la vida, así como el cuidado de la imagen.

Mis padres son de la generación *silent* (silencio). Trabajadores, obedientes, reprimidos, con falta de autoestima, compensada con un orgullo excesivo y demasiado sentimentalistas... no han disfrutado de su libertad ni de lo que la vida puede ofrecernos cuando nos dejamos ir y nos permitimos ser. Muchos condicionantes y limitaciones morales que no han ayudado a sacar su verdadero yo.

Nuestros hijos son de la generación Z. Idealistas, muy preparados, tecnológicos, de mentalidad abierta (excesivamente abierta), confiados y con una admirable visión humanista de la sociedad: reciclan, luchan por las igualdades, feministas, integradores, y un sinfín de cualidades que vienen un tanto limitadas por una excesiva falta de resiliencia, falta de capacidad de afrontar las frustraciones y la suficiente determinación para aguantar los envites que la vida nos depara. Rehúyen el enfrentamiento, tienen una tendencia a encasillarlo todo, a poner nombres, clasificaciones y a usar memes con aquellos términos que les incomodan o con los que no coinciden. Les falta el toque de humildad que los reveses de la vida nos regalan. Son excesivamente «científicos», con lo que carecen de una filosofía que les conecte con la religión y les permita incluir en su vida la figura de Dios y de las oraciones. Con certeza hay excepciones y, afortunadamente, no son la mayoría, pero sí que es una de las características que los definen.

Independientemente de todo esto, lo que hemos de aprender es a comprender que los cambios generacionales aportan crecimiento, nos ayudan a evolucionar, aunque se cometan errores o repeticiones históricas con un marcado talante negativo. Nosotros, los más mayores, tenemos la obligación moral de ayudar a integrar esos cambios, de echarles una mano y ayudarles en lo que podamos. Lo primero y principal para lograrlo será tener una mente abierta, evitar las críticas y preguntar e interesarnos por los motivos de dicha filosofía de vida, si es que puede llamarse así.

Seguramente nuestro ejemplo ha sido lo que ha provocado sus tendencias. Por ejemplo, ver a unos padres reprimidos, carentes de afecto, sin muestras de sexualidad sana y amorosa, los ha llevado a esa apertura sexual, a esa dificultad para el compromiso, a esa inquietud por conocer nuevas experiencias.

Siguiendo con las especulaciones, el inmovilismo laboral de sus padres, los sacrificios que los compromisos laborales han generado y el maltrato que han sufrido muchos trabajadores (padres de estos Z) han abierto la mente de una generación que rechaza la explotación, que prioriza en disponer de una libertad y de vivir la vida desde las experiencias, no desde los deseos en pretérito.

Podemos seguir con el ostracismo de muchas generaciones, que se han pasado la vida sin salir de sus poblaciones y criticando a los vecinos… nuestros hijos disfrutan viajando, conociendo otras culturas, otras ciudades y otros países. Pasan de comparar ciudades, de criticarlas, de atacarlas y, sobre todo, han superado un resentimiento que ha condicionado a los *silent*, a muchos *boomers* e incluso a no pocos X.

Han logrado aprender que la vida es volátil, incierta y cambiante y han sabido adaptarse. Asumen que no podrán adquirir una vivienda, que deberán de compartir bienes y que, seguramente, cuando les toque, la jubilación será una quimera, fruto de una sociedad sumida en la entropía.

Creo que hemos de esforzarnos en comprender a las nuevas generaciones y abandonar el paradigma de la crítica destructiva, así como deberíamos de abandonar nuestra tendencia proteccionista y ese sentimentalismo que les limita y les impide ser quienes han de ser.

La vida no es más que una experiencia temporal, que nos guste o no, tiene un principio y un final. Una experiencia en la que hemos de aprender a ser ecológicos y buenos gestores de nuestros recursos: es decir, morir con deudas es un error de cálculo y una insensatez, así como morir dejando cantidades de dinero en nuestras cuentas. Esos errores de cálculo comprometen a toda la sociedad, puesto que el dinero es energía y cuanto más fluya, mejor para la humanidad.

Me emociona escuchar los argumentos de las nuevas generaciones. Llego a la conclusión de que comprender pasa por saber escuchar y que hablamos mucho más de lo que escuchamos, lo que nos sumerge en un grave problema social.

Sobra ego y falta de humildad, que no tiene nada que ver con la asertividad y la autoestima. Puedes ser servicial, siendo asertivo, pero como todo, hay un fino umbral que puede confundir a los demás.

Una vez más diré: discierne, pero no juzgues.

Lo que es malo para ti, puede ser bueno para otros y tú no eres nadie para poner límites a la libertad de nadie. Solo podemos ser garantes de una vida justa y honesta. No permitas maltratos, no permitas que nadie infrinja dolor a alguien, ni que haya abusos. La tibieza ante las injusticias nos convierte en cómplices de esas injusticias.

Sé firme en tus valores, pero suave en tu forma de expresarte. La palabra tiene mucha más fuerza de la que imaginamos y no somos conscientes del mal uso que hacemos de ella: chismorreos, críticas, sarcasmos, insultos, descalificaciones, amenazas, etc. Seremos esclavos de nuestras palabras y lo seremos por la energía que habremos creado a través de ellas. Por eso es mucho más valioso el silencio respetuoso que las palabras insultantes.

19

Reflexiones para la vida diaria que contribuirán a construir un destino más amable

- Cada anochecer es una oportunidad para hacer balance de lo que hemos hecho durante el día y cada nuevo día es una oportunidad para corregir lo que no hicimos correctamente.
- Aprender a restar gravedad a lo que nos sucede nos aportará bienestar emocional y reforzará nuestro sistema inmunológico, lo que repercutirá en nuestra salud.
- Evita las críticas, porque estas son la espada con la que se nos juzgará.
- Aprende a sonreír, aunque sea con ejercicios forzados, y cuando hayas aprendido a sonreír a la vida, haz lo mismo con los rezos. Aprende a rezar y, al final, hablarás con Dios.
- La tristeza se alimenta de la atención que tú le das: no caigas en su juego ni en la manipulación emocional.
- La muerte no existe, lo que existe es el final de una ilusión sensorial, pero nuestra esencia no desaparece, simplemente se transforma.

- La constancia en la repetición nos ayudará a forjar un hábito y este nos diseñará la personalidad.
- Piensa en positivo, aprendiendo de cada experiencia, visualizando lo que deseas alcanzar y no abandones nunca el objetivo. La perseverancia es el comodín de las personas de éxito.
- No pretendas tener muchos amigos, la vida te regalará el tesoro de la amistad, pero es escaso y limitado. Reconoce el valor de las personas conocidas, pero sé siempre muy prudente al cuidar a los amigos o amigas.
- Cuanto más encasilles, más limitaciones crearás, y aunque la ilusión te haga creer que es aperturismo, en el fondo es control y dominio. Ejemplos: los signos del zodíaco, la nomenclatura LGTBI, las siglas generacionales, etc. Jesús jamás descalificó a nadie por su género, jamás señaló a nadie por sus tendencias, solo apeló a la vibración del corazón, al amor puro, calificando de pecado aquellos actos que habían sido guiados por los impulsos del deseo, de los instintos primarios.
- Ante un problema, no mires hacia otro lado, afróntalo con valentía. Si no estás preparada, prepárate, pero no lo dejes correr.
- La vida es un día de nuestra infinita existencia. Es un regalo, es preciosa, es una gran oportunidad, pero no es algo único. De serlo, sería terriblemente injusta, dura y carente de sentido.
- No idealices a nadie, al hacerlo cedes tu energía a aquella persona y eres susceptible de caer en su manipulación.
- Practica la respiración consciente, siente cómo el aire

entra en tu organismo, busca un ritmo que equilibre tu pensamiento y te ayude a controlar tus emociones.

- No busques la perfección, practica la aceptación y pon tu energía en ser tu mejor versión. Recuerda que en la escuela de la vida se aprende con el error.
- Tus juicios serán tus jueces: recuérdalo siempre.
- Incluye las oraciones en tu vida diaria. Practica la fe y verás cómo tu vibración cambia y tu vida cambia para bien.
- No pierdas el tiempo examinando los defectos de los demás, aplica tus sentidos en conocerte mejor, en reconocer tus debilidades y en trabajar para transformarlas en bondades.
- La vida no es el todo, es una imagen de lo que el todo representa, un instante en el infinito universo, por ello, no te aferres al cuerpo (la forma), sino en todo lo que nutre al espíritu, que es lo que verdaderamente nos une a Dios.

20

Los principios de la verdad: claves del destino

Basándonos en las siete leyes herméticas, describiremos lo que se denominan los siete principios universales:

1. **El principio del mentalismo**: el todo es mente, el universo es mental. Explica que la realidad que vivimos la hemos creado previamente con nuestros pensamientos, conscientes e inconscientes. Somos espíritus conectados a esa mente infinita que crea constantemente y con la que estamos íntimamente conectados. Cuando comprendemos esta realidad, abandonamos los miedos, conectamos con la fe y comprendemos que la creación es algo increíble.

2. **El principio de correspondencia**: como es arriba es abajo y como es abajo es arriba. Esto implica que no inventamos nada, simplemente conectamos con la gran verdad universal y vamos creando realidades que nos acercan a la realidad divina.

3. **El principio de vibración**: nada está inmóvil, todo vibra. Esta vibración nos mantiene unidos a todos y su frecuencia nos conecta con diferentes realidades. Pues cada frecuencia crea realidades distintas. Cuanto más alta es la

vibración, más elevada es la escala de manifestación en el universo creador. Materias más densas son materias con vibraciones más lentas, lo que genera experiencias más parcas, más dolorosas y menos espirituales. Si controlamos nuestras vibraciones mentales, somos capaces de controlar la realidad de nuestro entorno.

4. **El principio de polaridad**: todo es doble, todo tiene su par de opuestos. Los opuestos son iguales en naturaleza, pero diferentes en grado. Esto nos dice que todo es dual, todo tiene sus opuestos y nos descubre que donde hay luz habrá oscuridad y donde haya bondad habrá también maldad. Los opuestos no son más que los dos extremos de una misma cosa.

5. **El principio del ritmo**: todo fluye y refluye, todo asciende y desciende. El ritmo es la compensación. Es un principio que contempla la ley de la justicia divina o el karma. Nada queda en el olvido en el universo. Todo queda guardado en los registros del creador y su justicia divina generará los efectos correctivos adecuados. Por eso es tan importante el control de los pensamientos, de las emociones y saber pedir perdón, así como ser humildes de corazón.

6. **El principio de causa y efecto**: toda causa tiene su efecto y todo efecto tiene su causa. No existen la casualidad ni la suerte. Todo ocurre por causalidad y por efecto de lo que proyectamos al implicar nuestra energía por medio de la voluntad, el esfuerzo y la pasión o implicación que proyectamos en lo que deseamos o realizamos. Cuanto más conscientes seamos de este principio, menos esclavos seremos del destino.

7. El principio de generación: todo tiene su principio masculino y femenino. Este principio encierra la verdad de que el género se manifiesta en todo. En el mundo físico se manifiesta como sexo, pero en planos superiores adquiere otras manifestaciones. Genera, regenera y crea. Todos tenemos los dos principios en nuestra carga energética y es un principio que, si se manipula, puede generar mucho desequilibrio energético y con ello los efectos más negativos de las emociones. Podemos comprobar cómo la distorsión en este principio genera crisis identitarias, problemas de género, incomprensiones, acciones crueles y faltas de caridad, y un apego a los instintos basado en una distorsión energética evidente.

21

Una experiencia real:
Violeta Ripoll, una médium
con gran sensibilidad

Violeta era una mujer con capacidades sensoriales que la convirtieron en una médium de gran sensibilidad. Ella misma nos transmitió que todos los seres nacíamos con un destino, pero que, según nuestro nivel de conciencia y la actitud que teníamos en la vida, podíamos ir configurando escenarios distintos, pero con un mismo final. Como cuando en el navegador ponemos una dirección y, a medida que vamos circulando, nos muestra alternativas, indicándonos el tiempo añadido o similar de las distintas posibilidades.

Tuve la gran oportunidad de compartir horas de enseñanzas con ella y, entre todo lo que me compartía, me reafirmaba la existencia de vida después de la muerte y de un destino, que dependiendo de nuestro nivel de evolución podíamos modificar o gestionarlo desde el libre albedrío. Dependiendo del nivel evolutivo que tengamos y de las vidas previas, nuestro paso por este mundo puede ser un aprendizaje básico o un aprendizaje de gran profundidad. No todas las almas tenemos la misma edad, constantemente nacen almas que se incorporan al ciclo vital de la experiencia humana y todas ellas llevan un programa de aprendizaje que les permita evolucionar. El ser humano se considera superior a todo lo demás, pero, en realidad, formamos parte de la creación, pero no somos superiores ni tenemos derecho a más privilegios que el resto de la creación, sino que tenemos una función determinada dentro del escenario de esta. Un escenario donde cada ser, cada mineral, cada vegetal cumple una función y experimenta un aprendizaje, acompañado de sensaciones, de impresiones y de emociones.

Me habló de vidas pasadas, de cómo seres que formaban parte de su vida actual habían coincidido en vidas anteriores. Me aseguró que no éramos la primera humanidad y que esta tierra, nuestro planeta, había acogido otras civilizaciones y compartido la evolución de humanidades anteriores a la nuestra.

En una de sus experiencias visualizó que, antes de nacer en esta vida, estaba con dos personas más, un chico y una chica de unos veinte años, y ella tendría unos diecinueve. Todos vestidos de ropa blanca (jerséis, túnicas…) paseando por un campo precioso de trigo dorado y de hierba verde, con grandes extensiones de margaritas blancas. En ese precioso lugar se presentó un ángel con grandes alas y vestido con una túnica blanca. Este ángel le tocó el hombro y le indicó que era el momento. Ella preguntó si era realmente el momento y, al responderle afirmativamente, le comentó que tenía miedo. Entonces, el ángel la miró sonriendo y le recordó que siempre tenía miedo a cambiar de condición. El ángel se llamaba Uriel (Arcángel) y, al parecer, una de sus funciones era tomar nota de todo lo que sucedía (como si fuera a almacenarse en los registros del universo).

Junto a ella se fueron un chico y una chica. A la chica no volvió a verla, pero con el chico coincidió años después en la vida que encarnaron y, curiosamente, vivían en la misma comunidad y padecían la misma dolencia congénita del corazón. Entraron por el túnel y pudo sentirse en el vientre de su madre. Pudo sentir los problemas de salud de su madre y el clima de la ciudad (parece que llovía mucho y que, al nacer, la lluvia cesó).

Allí pudo sentir que ella había elegido esa vida, a sus padres, su destino y las experiencias que tenía que vivir para crecer espiritualmente. Supo que no era la única que podía elegir su destino, sino que todo el mundo podía elegirlo y ello formaba parte de un plan Universal que nos ofrecía una ruta de vida y una ley de libre albedrío que nos permitía ser libres y garantes de nuestra existencia. Según nuestra actitud, nuestros pensamientos y nuestros hechos, podemos modificar el tiempo y la intensidad de nuestro destino.

Venimos a aprender a amar, a no odiar, a aprender la importancia del perdón, de la caridad, de la bondad...

Por ejemplo, los asesinos, los violadores, las personas con desviaciones de personalidad y todo lo que podamos imaginar, deberán de aprender las leyes universales, cueste lo que cueste y en el tiempo que requiera.

Vivir desde la humildad, desde la curiosidad que nos permite meditar, estudiar, profundizar en los temas, son características esenciales para poder comprender nuestro entorno, respetarlo y esforzarnos en mejorarlo. La tierra y todos sus elementales, así como los minerales, los vegetales y los animales, forman parte de la conciencia del planeta y en ellos fluye el amor.

Las almas oscuras, malvadas, que generan dolor y destrucción, han de regresar con toda una serie de asignaturas pendientes que deberán de actuar para ir compensando el mal que han hecho, teniendo en cuenta también lo que han podido contribuir a la evolución de los demás seres y al sacrificio realizado para poder permitir que otros seres hayan podido tener las circunstancias necesarias para poder realizar su aprendizaje.

El ser humano ha evolucionado técnicamente en desequilibrio con el espíritu de la ley. Por ejemplo: no pasa nada por comer carne, pero no está bien cómo gestionamos el comercio de esta: maltrato animal, sobreexplotación, comercio especulativo, adulteración de los alimentos, almacenamiento descontrolado, etc.

Violeta, de adolescente, sufrió una intervención de urgencia debido a una sepsis. Estuvo en muerte clínica (unos pocos minutos) en la que se vio fuera de su cuerpo, reconociendo a médicos y personal clínico intentando reanimarla. Sintió como si la aspiraran y se encontró frente a un túnel con una brillante luz al final. Era consciente de que estaba en el astral. Vio frente a ella a una mujer de unos noventa años con ropa vieja y dejada, que llevaba de la mano un niño con ropa estropeada y con graves heridas en la cabeza. Entonces sintió que todos eran seres desencarnados, muertos que estaban en un plano distinto al terrenal, a la vez que sentía una enorme sensación de paz y de amor. También vio a un motorista con un casco en la mano y con heridas en la cabeza. A su lado había un león con heridas, gatos, perros, etc., y al final de ese camino había una gran luz y una sensación de bienestar y amor inundaba todos los corazones. Pudo escuchar unas voces que se extrañaban a la vez que se alegraban de su presencia, lo que provocó un sentimiento de filiación enorme hacia ellos y el deseo de ir a verlos…, pero una voz le dijo que no podía pasar, a la que respondió diciendo: pues claro que voy a pasar…

Entonces la presencia del Arcángel Uriel le ordenó no pasar ni modificar nada.

Su momento todavía no había llegado. Le enseñaron en otro llano miles de millones de casas y, en cada una de ellas, había un ángel que las gestionaba. Cada casa estaba llena de libros y, en la suya, estaban los libros que describían las vidas pasadas que ella tuvo. También le enseñaron el lugar donde llegaban las almas, un lugar donde se recuperaban y donde se les atendía.

Violeta estuvo sesenta y tres días en ese plano «astral», donde tuvo oportunidad de ver otros planetas habitados y otras razas. Entonces, Violeta preguntó por Jesús y por su existencia. Le confirmaron que existía y le permitieron verlo. Ella quedó realmente impresionada, Jesús era un ser de una vibración que no podía describir, era amor en estado puro. De aspecto robusto, piel tostada, ojos verdes, pelo rizado… y de sus ojos salía luz. También pudo ver a La Virgen, quien le transmitió las mismas sensaciones que Jesucristo, bondad, amor, y una luz muy especial que salía de sus ojos.

Después de estas visiones, apareció la figura de San Miguel, el arcángel que venció a Lucifer. Al verlo, le pidió cómo podía vencer al mal y el arcángel le reveló que los demonios no soportaban la mirada a los ojos…

Violeta no entendió, pero un tiempo más tarde, estando en su casa, vio la presencia de un ser desencarnado que le pedía ayuda. Pudo apreciar que no le miraba a los ojos y ella recordó las palabras de San Miguel. En ese momento le pidió que le mirara a los ojos y este se negaba, pero finalmente logró mirarle a los ojos y en ese momento desapareció. Los demonios son ángeles caídos y, como tales, no soportan la presencia del ser humano.

Violeta tuvo muchas manifestaciones y en ellas aprovechó para preguntar sus inquietudes. Entre ellas, preguntó si todo el mundo vería el cielo igual, pero la respuesta fue otra. En el astral (primer nivel donde el alma iba al desencarnar) cada ser ve lo que está en equilibrio con sus creencias. La conciencia «crística» toma distintas imágenes para mostrarnos el plan y prepararnos para el siguiente nivel.

Aunque nos cueste creerlo, constantemente van creándose realidades en el universo, así como constantemente van apareciendo almas nuevas, como si se tratara de los haces de luz que emanan sin parar del Sol. En nuestro mundo convergemos seres de distinta vibración y nivel de conciencia, por lo que no podemos exigir a todo el mundo la misma respuesta ni calidad emocional. De ahí el valor de la compasión, la misericordia y el perdón.

Naces con la ley del libre albedrío, a pesar de que todo esté programado y acordado desde antes de encarnar. Es decir, tenemos una hoja de ruta que marcará los acontecimientos de nuestra vida, incluyendo todos los detalles, pudiendo influir en detalles, como la calidad de ciertas experiencias vividas, según las decisiones que tomemos o la actitud que tengamos.

Si supiéramos cómo funciona todo, veríamos que la vida está repleta de coincidencias mágicas que permiten que la vida sea posible, que todo esté interconectado. Los minerales, por ejemplo, son una parte de conciencia del planeta Tierra y son una manifestación del amor en estado puro.

Más experiencias

Violeta estaba profundamente dormida, cuando sintió cómo una entidad se aferraba a ella impidiéndole moverse e incluso sin permitirle articular palabra. De esa «entidad oscura» salían sonidos parecidos a los gruñidos de una bestia y su baja vibración afectaba su bienestar. Cuando pudo tomar conciencia de lo que estaba sucediendo, Violeta tomó aire, concentró toda su energía, con el fin de fortalecerse y, mediante el pensamiento, le comunicó a esa entidad que quizás pudiera dañar su cuerpo, pero que eso era solamente materia, pero que su alma pertenecía a Dios y que jamás la poseería. En ese momento, la entidad exhaló un grito entre rabia y desesperación y se apartó de ella, saliendo por la ventana de la habitación, haciendo estallar en mil pedazos los cristales de la misma.

No fue la única experiencia; a lo largo de su vida tuvo cientos de experiencias, como la que, de la mano del Arcángel Miguel, visitó un inframundo donde estaban los espíritus más elementales, aquellos que en su experiencia humana habían despreciado las leyes de Dios y, desde la oscuridad, habían actuado la maldad. Allí pudo ver el alma de Hitler, desposeído de todo poder, sin capacidad de enfrentarse a nada y como sufridor de las atrocidades y la maldad que había generado. Al preguntar por él, el arcángel le explicó que ella todavía viviría varias vidas, antes de que ese Ser volviera a reencarnar. Pudo observar que, en la siguiente encarnación, el alma de Hitler no tendría permiso para actuar desde la maldad y debería dedicarse durante muchas existencias al servicio de los demás.

Aprendió que Jesucristo, al decidir encarnar como hombre, sufrió muchas de las limitaciones que tenemos los seres humanos, entre ellas las tribulaciones que nos generan las emociones, pudiendo poner a prueba la fuerza de la fe, la conciencia de Dios y su confianza en el destino que Dios le había asignado.

Pudo apreciar que había cientos de mundos habitados y que en todos ellos reinaba la conciencia de Dios, y que el mensaje de amor era el mismo para todos. Le dijeron que el objetivo de nuestras existencias era el aprender, comprender y actuar la energía del amor. Del amor verdadero, no el sentimentalismo infectado por la energía del maligno, que alimentaba las envidias, los celos, los resentimientos, el odio, la venganza y la posesividad.

Pudo comprobar que realmente el amor todo lo puede y que su energía es la responsable de la creación, de la curación y de la transformación.

Más allá de sus experiencias, Violeta nos comentó los males que acechaban a la humanidad. Según ella, el egoísmo, la lujuria, la crisis de identidad del ser humano y la falta de fe estaban infringiendo un enorme dolor a las almas.

Los jóvenes ya no saben si son chicos o chicas, muchos de ellos y, sobre todo ellas, no desean tener hijos, prefieren tener animalitos de compañía como si fuesen juguetes. Y lo peor es que muchas veces no son ni responsables del bienestar de estos. Ha vuelto la adoración a cultos secretos, al dinero, al lujo y a la lujuria. Las drogas tienen un protagonismo enorme, estando presentes en fiestas, reuniones y en todo tipo de eventos. Lo malo es que es una práctica que genera dependencias, agresividad, desconfianza y perturbación, una energía destructiva que acabará creando caos y destrucción.

Urge recuperar valores, no represión ni dogmas que condicionen la libertad, sino fundamentos que construyan vidas que aporten armonía y bondad.

Construir desde la creación, desde la excelencia de la creatividad y las buenas ideas que innovan y aportan valor social. El ser humano tiene capacidades inimaginables para crear abundancia y bienestar y, por desgracia, tantos siglos de miedo, represión, opresiones, avaricias, codicias y enfrentamientos han limitado y coartado muchas de esas capacidades.

Generamos tantas dependencias que nos volvemos dependientes y, al hacerlo, nos olvidamos de la verdadera esencia de la vida: la libertad de la interdependencia, el compartir sin depender, el poder ser sin renunciar a la esencia de nuestra naturaleza.

La rebeldía es una de las enfermedades del alma más nocivas. Lucifer se reveló a Dios, y lo hizo pensando que estaba en posesión de la razón o de la verdad. Los seres humanos nos revelamos al orden, a las leyes, a las normas, pensando que son limitantes, condicionantes o que coartan libertades, sin comprender que el asumir y cumplir la ley nos ayuda a evolucionar y a que esa misma ley cambie para adecuarse a la nueva realidad. Mientras el miedo y la represión estén presentes, ni la ley ni el ser evolucionarán.

Antes de actuar, piensa, valora y discierne. Si no concluyes que el resultado será bueno para una mayoría y aportará bienestar, no actúes. No podemos ser como los primates del experimento del agua y las bananas, que no se atreven a evolucionar por miedo a las consecuencias, aunque en su interior algo les dice que deberían hacerlo. Si observamos el reino animal, nos daremos cuenta, por identificación, de muchas de las etapas de nuestra evolución y de lo que, en principio, nos permite estar más evolucionados (en el aspecto intelectual y creativo) que ellos. Los seres humanos somos capaces de actos dignos de admiración y de los pasajes más crueles e inexplicables que podamos esperar. Pero, la realidad nos dice que un solo ser humano que irradie bondad, humildad y amor es suficiente para redimirnos… quizás esa fue la misión de Jesucristo.

Quizás no nos sintamos dignos de su misericordia, pero nada puede impedirnos sentirnos afortunados de que se nos haya permitido formar parte de esta maravillosa historia que es la vida y el planeta Tierra.

22

Afrontar destinos tenebrosos: el poder de la ataraxia

La mayoría de las personas tenemos problemas en la vida, pero hay quienes tienen pruebas realmente duras con las que lidiar: la muerte de un hijo, una enfermedad grave, accidentes que han causado muertes, perderlo todo por causa de una guerra y más desgracias que no hace falta recordar. Estas personas, también tienen un entorno, que no sufrirá en igual medida la tragedia, pero que les repercutirá directamente en su realidad, a modo de reflexiones, de priorizar valores o en lo que más les pueda aportar.

Ante desgracias de este calibre habrá comentarios que serán muy contrarios a la teoría de que nosotros elegimos nuestro destino, y evidentemente, lo que no podremos decirle a quien lo está sufriendo, que fue su elección. Pero la realidad es que todo tiene una razón de ser y que la actitud que adoptemos nos podrá ayudar a superarlo o nos hundirá en la miseria. La única verdad absoluta es la de que lo que ha sucedido no tiene remedio, no podremos revertirlo, por lo que encerrarnos en ese doloso recuerdo lo único que traerá es más dolor y desgracias.

Los que tenemos hijos, experimentamos la pérdida de forma constante, porque el bebé que acariciábamos, que nos buscaba constantemente, que reía a carcajadas, que confiaba plenamente en nosotros y que nos incluía en todo lo que hacía, ha ido creciendo y cada vez se ha hecho más independiente y nos ha reemplazado por otras realidades. Y así ha de ser, pero no deja de convertirse en un pequeño duelo y en un recuerdo que nos viene a menudo acompañado de sentimientos de nostalgia.

Es importante comprender que la vida es un escenario pasajero, una escuela para el alma y que lo único de valor que nos llevaremos será el bien que hayamos hecho a los demás, puesto que será la condición esencial para poder conseguir un nivel de conciencia superior. Si por el contrario nuestra vida se ha sustentado en alimentar los instintos, el materialismo (tacañería, vanidad, lujuria, mentiras, engaños, infidelidades…) y el egoísmo, dibujarán una siguiente realidad que nos permita corregir esos errores y compensar la desviación que cometimos.

El dolor nos invitará a llamar a otros sentimientos negativos: el resentimiento, la ira, el reproche, la culpa, la incomprensión, la rabia, etc. Y todos estos sentimientos tienen una vibración baja, con lo que afectaremos nuestra realidad de forma negativa, pudiendo generar enfermedades, incomodidades, pérdidas, etc.

Mientras que la «comprensión» nos conectará con la aceptación, la humildad (al reconocer que no somos nada y que no podemos controlar el devenir de la vida), con la compasión, con el perdón y con la bondad de corazón. Lo que aumentará nuestra vibración y nos permitirá alcanzar un estado de conciencia superior, que nos permitirá comprender mucho mejor el sentido de la vida y de sus vicisitudes.

Evitemos siempre la crítica destructiva, no subrayemos comentarios de libros, frases o pensamientos con el ánimo de criticar a nadie, ni con la intención de lograr tener la razón en alguna discusión que hayamos tenido en el pasado o que vayamos a tener. La humildad ha de ser nuestra aliada, porque sobran egos orgullosos y vanidosos.

Una vida sencilla facilita la expresión del amor, nos aleja de los prejuicios y del esclavismo de las apariencias (o del popular «qué dirán»).

Otro dato para tener en cuenta es que el dolor que vivimos en esta vida no quedará en el olvido y quedará en el Haber de nuestras almas, de cara a todo lo que tengamos pendiente. No se trata de venganzas, ni de generar culpabilidades, se trata exclusivamente de cumplir con la justicia universal, que es una forma de mostrar el amor.

Tony Robbins nos habla de las emociones de poder. Y en su introducción nos muestra una reflexión de Carl Jung que nos dice: «No puede haber transformación de la oscuridad en luz, de apatía en movimiento si no hay emoción».

Nuestro ser es básicamente un ser emocional y, ante cientos de emociones, de combinaciones y de interrelaciones generadas por estas emociones, hay unas que sobresalen a las demás, son las emociones que definimos de poder, porque aparte de ayudarnos en nuestro ejercicio de resiliencia, nos aportan valor.

1. El amor sería la más potente y la primera en encabezar el listado. El amor todo lo puede, dicta el dicho popular, y es en realidad una energía transformadora, creadora de nuevas realidades, catalizadora de sinergias y que transmite calidez. Si lográramos conectar con la vibración del amor, nada nos faltaría, nada nos sucedería, todo lo alcanzaríamos. Ese fue uno de los mensajes que nos dejó Jesucristo

y que ignoramos o despreciamos, o sencillamente no supimos comprender ni actuar.

2. La gratitud es una de las emociones de poder, puesto que su práctica transforma la realidad y nos facilita el logro de nuestros objetivos: agradece lo que deseas en lugar de pedirlo, piensa que lo disfrutas en lugar de perder el tiempo en quejas y peticiones estériles. Si agradeces, irradias amor, el agradecimiento va de la mano de la alegría, del aprecio, del reconocimiento.

3. Inquietudes por aprender, por descubrir, por conocer. Estas actitudes ayudan a actuar desde el crecimiento, la mejora, la transformación. Ser como niños para abrir nuestra mente, para ver nuevas realidades, para comprender y evitar caer en la rutina, en la desidia o el aburrimiento. Innovar constantemente, mejorar en cada faceta de nuestra vida y lograr expresar nuestra mejor versión.

4. Implicación y pasión. La pasión es la energía que transforma una idea en una realidad. La visualización de lo que deseamos nos despierta la ilusión, las ganas de conseguirlo y alimenta nuestra voluntad, que irá construyendo una actitud que denominaremos pasión. Que, resumiendo, se conforma con la fórmula que aúna voluntad, compromiso e ilusión.

5. La fe: que nos dará determinación, confianza y el convencimiento de que aquello que deseamos lo podemos

lograr. Todo ello se consolidará mediante el poder de la voluntad. La voluntad se forja cuando el deseo y la determinación coinciden.

6. Flexibilidad: una mente abierta libera la energía del corazón. La flexibilidad implica adaptabilidad, cambio de actitudes, comprensión de la idiosincrasia de la situación y una capacidad de captar el entorno que nos otorga habilidades diferenciales para afrontar cualquier situación. Hay un dicho que nos enseña que la gravedad de una situación no depende de lo que acontece, sino de cómo nos tomamos lo que nos sucede. Una mentalidad positiva siempre nos ayudará a rentabilizar las experiencias, mientras que una mentalidad negativa nos lastrará y boicoteará cualquier iniciativa o inquietud que tengamos.

7. Asertividad: una cualidad que nace de la confianza en nuestro propósito y en las capacidades que tenemos. Esto implica que nos conozcamos, que sepamos cuáles son nuestras fortalezas y nuestras debilidades, con el fin de sacar el mejor rendimiento de lo bueno y poder transformar lo mejorable en fortaleza. Esto implica el compromiso en creer en nosotros, en invertir en conocernos y en desarrollar nuestras habilidades con el fin de sacar nuestra mejor versión.

8. Positividad: una actitud alegre para afrontar la vida es esencial. Cuando vamos por la vida con una sonrisa, con alegría, transmitimos buenas vibraciones, ayudamos a

inspirar a los demás y, de forma inconsciente, llamamos a nuestra realidad las mejores realidades. Lo que sembramos, recogemos. Igual no de forma inmediata, como ocurre en la misma naturaleza, todo tiene su momento, su estación y su expresión.

9. Equilibrio: el equilibrio devendrá como resultado de cuidar nuestro cuerpo y nuestra mente: como decían en el Imperio romano, *mens sana in corpore sano*. Nuestro cuerpo es el templo de nuestra alma y, como tal, requiere cuidado, respeto y atención. No habrá cánones de belleza ni estándares marcados por la moda, simplemente la mejor versión de nuestras capacidades y posibilidades. Una alimentación equilibrada, evitar consumo de productos que generen adicción, drogas ni productos tóxicos. Cuidar las horas de descanso, no habrá un mínimo ni un máximo, sino las que nos permitan sentirnos bien, aunque indiquen que el ser humano necesita un mínimo de siete horas de descanso y la medicina tradicional china nos indique que los órganos se recargan de energía entre las diez de la noche y las seis de la mañana. Beber agua de calidad y en la cantidad necesaria (entre 1,5 l y 2 l al día), evitar bebidas carbonatadas y edulcoradas, alcohol y excitantes. Comer productos de proximidad y acordes a la estación. Incluir frutas y verduras y evitar lácteos, quesos, fermentados. No soy nutricionista ni dietista, por lo que aconsejaría la supervisión de un profesional hasta lograr alcanzar una dieta equilibrada y acorde a nuestra fisiología y necesidades. Incorporar el ejercicio físico en nuestra vida diaria:

paseos, natación, bicicleta, lo que cada uno considere y le aporte más entusiasmo.

10.Pensar en los demás: la principal motivación deberá de ser la del servicio. Es decir, qué aportamos a la sociedad, a los demás. Qué necesidades cubrimos y qué mejora nuestra acción. Si nos motiva cubrir necesidades, el retorno siempre será positivo. Es decir, no pienses en qué puedes obtener de los demás, sino en qué puedes ofrecer a los demás. Siempre que prioricemos el bienestar de la sociedad, y lo hagamos con sentido común, el éxito estará garantizado. La calidad siempre triunfa, las urgencias y las necesidades nunca son buenas compañeras de viaje. En nuestra sociedad sobra egoísmo y nos hace falta mucha más humildad y capacidad de servicio. El ego ha adquirido mucho protagonismo y, junto a él, van sus aliados: los instintos y los deseos. La humildad carece de protagonismo, controla los deseos y los transforma en entusiasmo creativo.

23

La energía del amor

El amor es una energía que, como la realidad atómica de nuestro universo, funciona con elementos positivos y negativos que crean realidades constantemente.

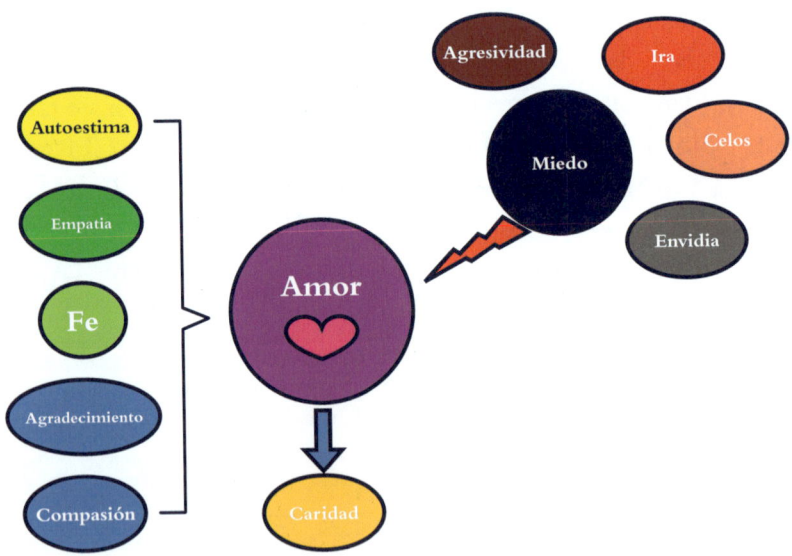

El amor todo lo puede, pero para que el amor actúe, necesita que hayamos trabajado la autoestima, la empatía, el agradecimiento, la compasión y, sobre todo, la fe. Cuando el amor toma el protagonismo, la caridad le acompaña y entonces todo es armonía y bondad.

El miedo paraliza la entrada del amor y los celos, la envidia, la ira, la rabia y los sentimientos negativos son hijos del miedo y potenciadores del mismo, con lo que la vibración que comparten la fe y el miedo es dominada por este último, no permitiendo que las vibraciones del amor inspiren nuestra vida. De ahí que las bajas vibraciones predisponen al cuerpo a enfermar, a sufrir desórdenes energéticos que pueden mostrarse como depresiones, ansiedades, trastornos hormonales o enfermedades inmunológicas. Además de no permitirnos conectar con nuestras habilidades y con nuestra capacidad creativa.

Todo ello no significa que, bajo el paraguas del amor, debamos claudicar ante actitudes que no compartimos, permitir situaciones caóticas en nuestra vida o reprimir la expresión de lo que sentimos.

Cuando algo nos molesta, seguramente esa sensación irá acompañada de un aprendizaje, pero si no logramos identificar el aprendizaje o este nos supera, lo mejor es apartar la situación de nuestra vida y buscar experiencias que nos aporten energía positiva.

Muchas veces, por concepciones erróneas del deber o del compromiso, claudicamos en determinadas actitudes que, a la postre, nos van consumiendo y, si no somos capaces de pararlo, una enfermedad se encargará de pararnos a nosotros.

Por ejemplo, la persona que necesita de orden y convive con otra persona caótica, irá consumiéndose poco a poco, apagándose y perdiendo el entusiasmo. Su energía bajará y finalmente somatizará esas emociones. Seguramente esa situación conllevará un aprendizaje, un mensaje para el que sufre la situación, pero si no logra encontrarle el sentido o no cambia su actitud ante la realidad que le toca vivir, lo mejor es que escoja cambiar la situación.

Los caracteres pueden ir adaptándose a nuevas visiones, pero es complicado cambiarlos completamente. El ego vela por su supremacía, puesto que la función es la de dotarnos de características que nos permitan destacar, ser distintos y aportar lo mejor de nosotros mismos.

El verdadero amor va de la mano de la justicia y la justicia no da tregua a las emotividades. Amar es saber decir que no, cuando nuestro cuerpo nos lo pide o cuando no deseamos realizar algo que realmente no compartimos. Y es amor porque es ser consecuente con nuestro deseo interno, con nuestra voluntad. Es un ejercicio de respeto hacia nosotros, de amor propio.

No debemos temer o preocuparnos por lo que generemos en los demás, ya que eso será responsabilidad de esas personas, de cómo gestionen las emociones que les provocan nuestras decisiones, y les mostrará su mapa personal (mapa de fortalezas, debilidades, oportunidades y amenazas).

El amor es la energía que nutre al universo y el mensaje que Cristo vino a transmitirnos. El amor elimina el miedo y la incertidumbre, permitiéndote ser verdaderamente tú.

Nuestra verdadera fuerza se encuentra en nuestra capacidad de amar. El amor, que fue el mensaje principal de Jesús, era la esencia de su capacidad para curar, para inspirar, para generar una fe inmensa en sus seguidores. El amor ha de empezar por ti mismo, y si quieres saber cuánto te amas, observa tu realidad y tu apariencia. Si te cuidas, si te dedicas tiempo de calidad, si te paras a reflexionar sobre lo que realizas cada día, estarás cuidándote, mejorando y preparándote para lo mejor.

El amor no busca retorno, aunque el ego nos lo pedirá a gritos. No cambiemos la naturaleza del amor por la respuesta de los demás. No dejemos que nadie influya en nuestra capacidad de amor, lo apague o lo contamine. Si tu pareja te ha engañado, si una amistad te ha decepcionado, no renuncies ni al amor ni a la amistad. El amor ha de estar por encima de todo.

Cuando emprendes un negocio, creas algo o sueñas con un propósito, que sea el amor el motor de tu acción, porque si lo haces desde el amor, siempre triunfará; si lo haces bajo el motor de la avaricia, del protagonismo o de tener bienes a expensas de los demás, el vacío inundará tu corazón y tu vida carecerá de sentido.

El amor irradia luz: tu mirada te embellece, tu sonrisa te hará entrañable, tu carácter transmitirá paz y proyectará confianza.

¿Qué podemos hacer por los demás y qué nos haga felices al hacerlo?

Esa pregunta debería hacérsela todo emprendedor. Tener presente el nosotros, en lugar de solamente el yo, nos permitirá conectar con esa conciencia colectiva que nos transmitirá lo que realmente necesitamos saber para poder emprender y ofrecer a los demás.

La prosperidad no es una faceta del materialismo, sino una vibración del amor.

El amor te permite conectar con la fe y esta nos permite ser resilientes ante las dificultades y los reveses de la vida. El amor te permite conectar con la felicidad, porque la felicidad es una actitud, no un objetivo.

El mundo es un espejo de lo que somos, de lo que pensamos, de lo que creemos.

Aprender a ver amor en cada experiencia nos acerca a la excelencia y nos ayuda a poder mostrar lo mejor de nuestro ser.

Es más importante que nos aceptemos como somos que machacarnos por lo que los demás quieren que seamos, por sus exigencias o por sus críticas.

24

La religión, la oración y la fe para conectar con Dios

Tenemos bastante religión para odiarnos unos a otros,
pero no la bastante para amarnos.
JONATHAN SWIFT
(POLÍTICO Y ESCRITOR IRLANDÉS)

Es curioso observar cómo las religiones condicionan la vida de las personas; han sido motores de enfrentamientos, de disputas, promotoras de guerras, defensoras de invasiones y masacres... y todavía es más curioso observar que se han postulado como garantes de la verdad y de un Dios o de diversas deidades que han sembrado de miedo y represión a sus seguidores.

En realidad, nadie sabe nada, nadie conoce la verdadera condición del universo, ni la razón de la creación, ni la estructura que conforma el caótico orden de las galaxias... nuestra mente está muy limitada y condicionada por la dimensión y el mundo en el que habitamos. Hay otra mente, otra capacidad de comprensión y observación que no corresponde al cuerpo físico, sino a lo que denominamos alma. Esa energía que nos une al creador y que nos anima a evolucionar desde el aprendizaje de la experiencia.

Hay una verdad absoluta, una razón que explica el porqué de nuestra existencia, de los infinitos mundos que nos rodean, del papel de cada planeta, de cada estrella, de cada satélite, y es imposible quererlo saber todo, puesto que sería como intentar explicar a un bebé los principios de la física cuántica.

Mi reflexión, que es lo único que puedo compartir, puesto que no pretendo crear dogmas de fe, ni asegurar verdades absolutas, es la deducción de varias décadas de estudio, reflexión e interiorización.

Llevamos algo más de dos mil años de nuestra era, pero sabemos por la ciencia que el ser humano lleva más de doscientos mil años y hay teorías que dicen que anteriormente había habido más humanidades y que la tierra como planeta tiene una edad aproximada de cuatro mil millones de años.

La ciencia nos dice también que todo se creó fruto de una gran explosión, denominada *big bang,* y ahora se está llegando a la conclusión de que ese momento inicial no fue el primero, sino que con anterioridad había habido otras grandes explosiones que generaron un proceso expansivo del universo, seguido de otro proceso de compresión, que en su máxima expresión volvía a generar una gran explosión, iniciando así otro proceso expansivo. Desde mi visión, Dios es eterno, sin poder ni saber explicar la condición de esa existencia eterna, y sin poder poner fechas a un origen ni a un final. Lo que para mí es obvio es que podemos hablar del factor tiempo, cuando hablamos de la duración de un estado o proceso. De ahí que la tierra tuvo un origen y tendrá un final, como eones de millones de años sucedió. Creo en un orden Universal y en un «Dios» que crea constantemente, que canaliza su infinita energía a través de todo lo creado y que no depende de factores dimensionales como el tiempo ni el espacio. Si analizamos nuestro cuerpo, veremos que tenemos una forma, con unas extremidades, unos órganos y unos sistemas (circulatorio, endocrino, nervioso…) que lo configuran y que gestionan muchísima información. Nosotros no somos conscientes del axón que controla el sistema nervioso que inerva los dedos de los pies, ni de las dendritas, ni de las neuronas que gestionan la información, la procesan y la distribuyen; ni tan siquiera somos conscientes de la labor de nuestros intestinos, ni del latido del corazón, ni de las nefronas de los riñones, ni de los hepatocitos de nuestro hígado, ni de las células T, ni de los linfocitos, ni de nada… Y todo ello tiene un funcionamiento y un orden que permite nuestra vida. Igual si le preguntamos a una nefrona, nos diría que no cree que exista nada, que ella solo ve productos que tiene que separar, pero que no le encuentra sentido a la vida, que después de ella no hay nada, y lo mismo si separadamente le preguntáramos a cada célula de nuestro cuerpo. Igual si preguntáramos a una neurona de nuestro cerebro límbico, podría darnos una visión con mayor sentido y sería capaz de darnos argumentos para creer que no está sola y que todo obedece a un orden superior, pero en realidad ninguna de esas células u organismos tendría una visión clara de la realidad ni del fin de su existencia.

Lo mismo sucede con nosotros, que vivimos una vida marcada por una rutina, por unas leyes o un orden social y que no nos preguntamos la razón de nuestra existencia ni si hay algo superior a nosotros, porque bastante tenemos con buscarnos la vida para poder sobrevivir.

Pues, en realidad, cuando utilizamos nuestra capacidad para discernir y cuestionarnos la realidad que vivimos, podemos conectar con una información que nos parecería imposible de poder conseguir. Gracias a la curiosidad del ser humano, a la voluntad por cultivar la mente, al estudio, a la investigación y al esfuerzo, podemos conectar con fuentes de energía que nos transmiten información y nos ayudan a crecer.

El ser humano no cree en dioses por ignorancia o por miedo, lo hace porque en su interior mora esa inquietud, que no es más que el átomo de energía que nos une a Dios, al padre creador. En base a esas reflexiones y preguntas, hemos abierto puertas para que el Padre se manifieste, y lo ha hecho desde los inicios, mediante mensajeros o profetas que han compartido su verdad, ajustada al momento y estado evolutivo de la humanidad.

Personalmente, creo en Dios. En el Dios de la Santísima Trinidad, en el padre de Cristo, en el creador del todo. Creo en el bien y en el mal, en la rebelión de Lucifer y en los seguidores de Satanás. Creo en la polaridad del mundo en el que vivimos y en que estamos reviviendo un momento crítico donde las bajas energías utilizan el espejismo, los deseos y la mentira para generar el caos, el descontrol y el miedo: libertinaje y lujuria, falta de valores, mentiras, vanidad, neocapitalismo y comunismo, el riesgo de la inteligencia artificial, la manipulación del género, la generación de odio y crispación, las criptomonedas, la incitación a no pagar impuestos, los autoritarismos políticos, y un largo etcétera que no seguiré citando.

Creo en los principios herméticos que definen que como es arriba es abajo, que lo que existe en los niveles del creador se repite en niveles más densos, como la tercera, la cuarta o la quinta dimensión, donde estamos a punto de ingresar. Creo en un solo Dios verdadero, como si de un capitán general se tratara, pero que bajo su mandato hay seres de elevada evolución y gran poder que seguramente han sido tomados por dioses en las religiones politeístas o por dioses únicos en otras religiones.

La energía de Dios está guiada por la vibración y la frecuencia, de ahí la gran importancia de la oración, del diálogo interno con Dios, con la Virgen, con los arcángeles y los ángeles. Cuando oramos generamos una vibración que conecta con la vibración de Dios y suma energías, genera sinergias y potencia su acción desde la reafirmación, el reconocimiento y la aceptación. Esa es una de las razones de nuestra existencia, esa es la función del mensaje de Dios.

La oración debe salir del corazón, desde el sentimiento de agradecimiento y desde el amor. Rezar por rezar no sirve para nada, repetir oraciones sin comprender ni compartir su contenido es perder el tiempo.

Hay personas que dicen no creer en Dios por todo lo negativo que sucede en el mundo, pero justamente esto habla de la grandeza de Dios. Dios sabe que todo es relativo, que el sufrimiento es un episodio limitado dentro de una existencia infinita y que como tal no es más que una herramienta de aprendizaje, de enseñanza, que nos ayuda a priorizar, a desapegarnos, a discernir lo que realmente es importante de lo que es puro espejismo. Dios nos da libertad de decisión, independientemente de lo acordado antes de encarnar (destino), nos permite incluir modificaciones, cambios de ruta, no sin contemplar las consecuencias que cada modificación puede conllevar.

Como cuando cerramos un presupuesto para reformar un baño o una cocina y luego vamos modificando detalles, electrodomésticos o conceptos: podremos hacerlo, pero tendrán un coste adicional. El destino y nuestra libertad de elección funcionarán de la misma manera.

La conciencia es la que nos dice si lo que hacemos está bien o está mal. Y todo el mundo lo percibe, otra cosa es que argumentemos excusas para engañarnos, pero en el fondo nuestro ser trasciende la intelectualidad y conecta con la verdadera esencia. Por lo que toda creencia que no sea verdaderamente sentida carecerá de credibilidad y de efecto.

Gran parte del conocimiento de las cosas divinas se nos escapa por la falta de fe.

HERÁCLITO

25

El destino de los géneros: ¿qué sucede con el feminismo?

No deja de sorprenderme cómo el concepto genera tantas controversias. Feministas deberíamos de ser todos. Y cuando digo todos, etimológicamente incluye a hombres y mujeres.

El feminismo no tiene nada que ver con reivindicaciones sexistas. El feminismo es la virtud del ser humano de tener los mismos derechos y oportunidades independientemente de su género. No podemos consentir el abuso de poder, la discriminación ni el maltrato. No podemos condicionar la libertad de un ser condicionándola a su género, ni limitarle capacidades por el mismo motivo.

En nuestro mundo vivimos condicionados por dos géneros: masculino y femenino. Además de las funciones fisiológicas encaminadas a tener descendencia, somos seres que catalizamos energías del universo. El hombre canaliza mucha de esa energía por medio del cerebro izquierdo (analítico, clasificador, etc.) y la mujer lo hace mediante el cerebro derecho (más holístico, imaginativo, multifactorial, etc.). Ambos somos complementarios y por diferentes, no debemos de ser comparados, sino complementados. Por ello, todo tiene que ir relacionado con el valor que somos capaces de generar. El error radica en querer compararnos en los mismos campos, cuando no tenemos las mismas características ni habilidades.

A nadie se le ocurre poner a boxear a una mujer de 90 kilos con un hombre de 90 kilos, porque hay características fisiológicas que generarían diferencias que beneficiarían a uno de los contrincantes. Lo mismo sucedería en deportes como, por ejemplo, el fútbol.

Cuando preguntan por qué una tenista cobra menos que un tenista, deberíamos de comprender que no se trata de un tema de discriminación de género, sino de una cuestión relacionada con la productividad que generan a nivel de inversiones publicitarias, que como siempre irán vinculadas a la demanda del producto por parte del público. Si las tenistas generaran una expectación superior a los hombres, sin duda recibirían una mayor remuneración. Como sucede en el mundo de la moda o en ámbitos profesionales distintos.

Estoy convencido de que, con una mayor educación ética, humanista y encaminada a abandonar los juicios y los prejuicios, la sociedad funcionaría mucho mejor, sin tantos miedos, sin tantas limitaciones ni encasillamientos. Cuanto más intentamos identificar, mayor nivel de discriminación generamos. Una persona ha de poder expresarse como desee sentirse, sin tener que justificarse, sin tener que definirse y sin tener que transgredir evidencias.

Toda decisión en la vida conlleva renuncias y antes de decidirnos hemos de saber valorar y discernir lo que más nos conviene, lo que no podemos hacer es querer solo derechos y olvidarnos de las obligaciones.

Alguien tiene que recordarnos la importancia de valores como la honestidad, la humildad, la compasión, la palabra y la voluntad.

Estamos en un momento en el que, como dijo Jim Caviezel (actor estadounidense; protagonista de *La pasión de Cristo*): «Todos quieren la resurrección, pero nadie quiere llevar la Cruz». Creo que es una afirmación suficientemente significativa.

Seguramente en mundos más evolucionados todos seamos seres asexuados, donde no necesitemos interactuar desde el deseo o la necesidad, sino desde el compartir y el deseo de servir. Pero esto no nos toca todavía. Lo que nos atañe en la actualidad es el preservar los derechos, el trabajar por la equidad, por proteger la idiosincrasia de cada ser y ayudarnos a alcanzar nuestra mejor versión, sin comparaciones y sí, desde el conocimiento de nuestro propósito y nuestra mejor versión.

La mujer no debe de masculinizarse para lograr los objetivos o los derechos de un hombre, esto es un maltrato sutil o incluso maquiavélico. Si realmente queremos crecer y aprovechar las sinergias, en definitiva, no puede ni debe haber ninguna ley ni costumbre que limiten los derechos de la mujer, que le impidan ser lo que desee ser ni que se la valore de forma diferente a la del hombre por el desempeño de una misma labor.

Así pues, igualdad de derechos y a la vez, igualdad de responsabilidades. La sociedad se fundamenta en valores y la mujer siempre será un garante de esos valores, no solo por su condición, sino por su función como madre y educadora de sus hijos.

Todos somos almas que encarnamos en cuerpos, unas veces como hombres y otras como mujeres, incluso como géneros distintos por cuestiones del destino. Todos necesitamos del amor, del respeto, de la comprensión y de la ayuda de la comunidad, porque la vida no es sencilla, las condiciones, por buenas que sean, son duras. La naturaleza es cruel, no es compasiva. La compasión es una virtud del ser humano, concedida como hijos de Dios. Aprendamos a ampliar nuestra mente, a intentar comprender al prójimo, a tratarlo con respeto, con amor, con ternura y veremos cómo, poco a poco, la vida se hace más agradable, menos agresiva, menos dura.

Vivimos reivindicaciones que ya no deberían de existir, deberíamos de haber trascendido muchas de las limitaciones que cuarten nuestra libertad (entendiendo por libertad, derechos que no comprometan el bienestar de los demás ni limiten sus derechos).

La guerra de sexos no tiene sentido, los enfrentamientos no aportan valor. No podemos permitir conductas machistas, malos tratos ni desprecios por la condición ni el género.

Existe en la actualidad tráfico de mujeres, el proxenetismo, tráfico de menores, un submundo orquestado por traficantes de drogas que conecta mafias de la prostitución, extorsionadores, violadores, estafadores, etc., que no deberíamos de permitir. El dinero no debería de poder comprarlo todo.

Hemos de aprender que el consumo de drogas, de prostitución y de abuso infantil es un delito y una enfermedad del ser que genera graves consecuencias. No podemos seguir otorgando derechos a los delincuentes y poniendo en riesgo a las personas de bien.

Es posible que consideremos normal el uso de la pornografía, el consumo de drogas, el abuso de sustancias en un determinado entorno o evento, pero nada de eso es positivo y todo ello acarrea consecuencias que afectarán a nuestro destino.

Olvidamos de que somos energía y que cuando estamos en determinados ambientes y realizamos determinadas prácticas, estamos compartiendo vibraciones que afectarán nuestro equilibrio, influirán en nuestra realidad y alterarán el curso de nuestro destino.

Somos ignorantes de la realidad espiritual que nos envuelve y no comprendemos lo que nuestros actos comportan.

26

Ayudar al destino cocreando nuestra realidad

Invierte el paradigma del pensamiento, la palabra y la acción, empieza por la acción. Es la forma más segura de que llegue a buen puerto.

Puedo imaginar un viaje genial, ver fotografías del destino, imaginarme paseando por sus calles, visitando sus museos, disfrutando de los paisajes, pero, como no reserve los días de vacaciones, los pasajes y los hoteles, difícilmente lograré visitar la ciudad que deseo.

El comportamiento biológico puede ser controlado por fuerzas invisibles, entre las que se encuentran los pensamientos.

BRUCE H. LIPTON
DR. EN BIOLOGÍA CELULAR

El principio hermético define que el universo es mental, que todo lo que somos y lo que experimentamos proviene de un pensamiento, de una mente; ergo, nuestra mente incide en nuestro destino. Lo hace desde el nivel de conciencia que somos; a mayor nivel de conciencia, mayor probabilidad de realizar lo que pensamos.

Aquello con lo que nos identificamos es lo que con mayor probabilidad viviremos o experimentaremos, tanto de forma afirmativa como negativa. Tenemos el ejemplo de esas personas que siempre están prediciendo los puntos negativos de cualquier acontecimiento, y que cuando se cumplen no tardan en recordarnos que ellas ya lo decían. ¿Os resulta familiar? Pues así es.

El mismo Marco Aurelio, un líder natural y ejemplo del estoicismo, decía que la vida de un ser humano es lo que de ella hacen sus pensamientos. Los pensamientos nos generan una emoción y esta es movimiento, acción. Por lo tanto, como decía Sócrates y los filósofos de la antigüedad, antes de dar vida a un pensamiento, fíltralo, quítale la negatividad, contrástalo con la realidad y dictamina si aportará positividad a tu vida o, por el contrario, la complicará. Si no aporta nada positivo, elimínalo antes de que él te afecte a ti.

Afortunadamente, de los aproximadamente 60 000 pensamientos al día que la neurociencia dice que tenemos, la mayoría no tendrán suficiente fuerza para cristalizarse, pero incidirán en el estado anímico y este sí que tendrá más fuerza para afectar nuestra realidad.

Existen ejercicios para cambiar estos pensamientos y los decretos de carencia y mediocridad: puedes cambiar tu forma de expresarte, tu vocabulario y tus comentarios, con lo que tu vibración se modificará y esta atraerá experiencias positivas y enriquecedoras.

Hay en el mundo un lenguaje que todos comprenden: es el lenguaje del entusiasmo, de las cosas hechas con amor y con voluntad, en busca de aquello en lo que se desea o en lo que se cree.

PAULO COELHO

Sé claro en las intenciones, en los sueños, en los detalles, porque si un ser con un claro objetivo da un paso hacia su logro, el respeto de los demás le abrirá caminos, mientras que aquel ser que dude, muestre inseguridad y transmita miedo, la gente lo criticará, le boicoteará e impedirá que realice sus metas.

Si quieres ayudar a que tu destino se cumpla, o que se cumpla lo que realmente deseas, procura que cumpla con estos preceptos:

1. Que puedas determinarla cuantitativa y cualitativamente.
2. Que estés preparado para poder lograrla o al menos que tengas un plan para poder prepararte para ello.
3. Incluye todos los detalles de lo que quieres conseguir. Cuantos más detalles, más la visualices y más la sientas, más posibilidades tendrás de lograrla.
4. Tiene que ser una meta ambiciosa, que te haga sacar lo mejor de ti. Que sea capaz de entusiasmarte, que te sientas identificada o identificado con ella. Que sea ambiciosa y requiera de tu dedicación. Cuando hay implicación la posibilidad de éxito es mucho mayor.

No dejes de informarte sobre lo que pretendes alcanzar o lograr. Escucha a expertos sobre el tema, comparte inquietudes, pregunta a especialistas, pero nunca desistas. Si caes, levántate y, si vuelves a caer, vuelve a levantarte. La vida pondrá a prueba tu voluntad y solo las personas resilientes y persistentes lograrán alcanzar sus metas.

Incorpora hábitos de éxito en tu vida. Cuantos más hábitos, más fortaleza; cuantos más detalles, más cohesión; cuanta más implicación, más sólida será la estrategia.

Cuida mucho tus emociones, porque el estado emocional en el que te encuentres condicionará el nivel de tu vibración y este manifestará tu realidad.

Lo material se crea en lo espiritual. Cuando priorizamos lo material y pretendemos comprender lo espiritual, entramos en una espiral destructiva.

27

Todo tiene un destino

Parece mentira que tengamos tantas reticencias a creer en la existencia de un destino.

Pondremos unos ejemplos: el día se convertirá en noche, la tierra acabará destruyéndose, el sol acabará apagándose, todo ser que nace acabará muriendo, todo tiene un inicio y un final, lo que significa que todo tiene un destino predeterminado. Lo que podemos hacer con nuestra actitud es alterar algunas de las características del trayecto hacia el destino final, sobre todo en todo aquello que dependa de nuestra acción o decisión.

Desde la filosofía, el destino lo explican como que toda acción genera una reacción, por lo que dos acciones idénticas provocarán la misma reacción, a menos que se combinen distintas variables que lo conviertan en impredecible el resultado para quienes los observamos. Sería la conocida teoría de la causalidad.

Para Aristóteles, el destino de un ser humano corresponde al resultado de sus decisiones y acciones. En *Ética de Nicómaco*, identifica como uno de los destinos de todo ser el logro de la virtud y la felicidad, entendidos como eudemonía. Para Aristóteles, la naturaleza tiene un vínculo causal con Dios, con un fin encaminado a una mejora constante.

Para Platón, el destino es un poder sobrenatural que limita la libertad del ser y que le conduce a un fin no elegido.

Para Epicuro, el destino era una falacia, puesto que consideraba que el ser humano era libre, abogaba por espíritus valientes que labraban su futuro desde la implicación y el trabajo.

Los estoicos, mi corriente filosófica predilecta, consideran que el destino es una de las herramientas que gestionan el universo. Fruto de una planificación y concatenación de factores que atribuían a cada ser una hoja de rutas.

Para Nietzsche, el destino va ligado a la condición de la naturaleza de cada ser, destacando que cuanta más fortaleza tiene el ser, menos necesidades de verdades absolutas tiene.

Albert Einstein nos dice que somos responsables de una gran parte de nuestro destino, puesto que nuestros actos dibujan nuestros hábitos, estos nuestro carácter y este último determinará nuestro destino.

Einstein dijo: «Dios no juega a los dados», frase que utilizaron a modo de imágenes en una de las películas de ficción de la serie *Men in Black*. El científico hacía referencia a la mecánica cuántica, que profundiza en el estudio del comportamiento de las partículas atómicas y subatómicas, pero que, al parecer, nunca llegó a aceptar.

Como podemos apreciar, el ser humano siempre especula, teoriza y postula. Lo que parece que nos cuesta entender es que no todo tiene una explicación desde el intelecto (desde nuestra mente limitada).

Al igual que hay frecuencias de sonido que no son audibles por nosotros, hay vibraciones y colores que no somos capaces de captar... Imaginémonos entonces la complejidad de la creación: su estructura, su razón de ser, su misión, su infinitud, sus universos paralelos, la noción del tiempo, la misma noción de eternidad o el poder comprender que nunca ha habido un principio ni habrá un final para Dios.

Lo cierto es que comprendemos el destino en mil facetas de la vida: el destino de un viaje, el destino de un proyecto, el destino de una ruta, el destino de una empresa o de una nación..., pero nos cuesta aceptar que hayamos venido a este mundo con un destino acordado (a las buenas o no) y que podamos incidir en sus variables, pero no en su fin.

Las estrellas nos hablan del destino, las runas nos hablan también del destino, las líneas de las manos también nos lo indican y muchas prácticas como el tarot, la bola de cristal o el péndulo, nos hablan de él. ¿Son verdad, mentira, imaginación, una ciencia olvidada?

No podemos generar dogmas, puesto que no tenemos el conocimiento absoluto de la realidad que nos rodea. Tenemos pequeñas muestras de determinadas leyes que nos condicionan, pero la verdad absoluta no la conocemos, porque no estamos preparados para ella.

El ser humano tiene una configuración compleja, entre la que se encuentra un vínculo directo con los reptiles, los animales y el mundo de los instintos, que guían la lucha por la supervivencia, por la perpetuación de la especie, por la evolución. Y en este complejo entramado, las hormonas y toda la química generada en nuestro organismo desempeñan un papel fundamental, condicionando nuestra actitud, forjando nuestro carácter y, por ende, diseñando distintas rutas que nos lleven a cumplir con nuestro destino. Por ello es muy importante intentar comprender a cada persona, no juzgarla y, sobre todo, no condenarla. La influencia de las hormonas en cada ser es como el umbral del dolor. Para una persona, un dolor intenso puede ser considerado leve y, para otra, un nivel de dolor leve puede ser considerado intenso.

La educación, el cuidado de las compañías, el fomento de la comunicación y el verdadero interés por la realidad del otro contribuirán a crear una sociedad más sana, más auténtica, con menos traumas y resentimientos.

Hay una frase que dice: «Quien no conoce su historia está condenado a repetirla», y yo iría más allá: si no sabemos perdonar, si no sabemos desprendernos de los resentimientos, si buscamos venganza en lugar de aprendizaje, estaremos condenados al sufrimiento. Por ejemplo: la ley de la memoria histórica debería de servir para perdonar a las víctimas inocentes, para pedir perdón, para dignificar a los ultrajados, en lugar de perpetuar odios y resentimientos, en lugar de buscar venganzas disfrazadas de justicia.

Hemos entrado en un bucle de autodestrucción, de descalificaciones, de vanidades, de avaricia, donde el ego se muestra en todo su esplendor, destruyendo virtudes que nos hacen dignos del amor de Dios.

Cuando se vive pendiente de la venganza, la compasión y el perdón se identifican como debilidades, lo que desvirtúa todavía más la verdadera esencia del amor.

La sociedad actual está bajo la influencia de una malentendida libertad, de un falso despertar espiritual que invita a separarnos de la religión, a focalizar en la ciencia y a ser competitivos con el fin de lograr riquezas sin esfuerzo. Una influencia maléfica que esconde egoísmo, ansia de placer y un materialismo que prioriza los fines, sin tener en cuenta los mecanismos para lograrlos.

No hay que buscar culpables a lo que sucede en la sociedad, simplemente hay que hacer un ejercicio de retrospección y analizar nuestras prioridades.

Sin duda, hay grandes almas encarnadas en la humanidad, personas que inspiran nuestros días y logran proyectar una belleza que hacen que la vida sea un regalo y que el mundo parezca un paraíso, pero en realidad vivimos en un infierno donde la densidad de las emociones crea cadenas que nos condicionan, limitan y nos hacen enfermar.

28

Reflexiones inspiradas en Jesucristo

Ya no me preocupa si la gente cree o no cree en Dios, ni en su hijo Jesucristo, ni en la Virgen ni en el Espíritu Santo. Me siento afortunado de tener fe y de tenerlos presentes en mi vida. Para mí son el motor de mi vida y una maravillosa guía para lograr ser cada día mejor.

En una de mis meditaciones descubrí el sentido de la palabra «desgraciado». Para mí un desgraciado no es alguien que no tenga nada, o que tenga mala fortuna, o que todo le vaya mal. Un desgraciado es alguien que no cree en Dios. Y no lo digo con desprecio, sino con toda la humildad y tristeza de mi corazón. Si crees en Dios, siempre te sentirás acompañado; sentirás su presencia en pequeños detalles y lograrás conectar con la energía del amor. Verás los problemas como oportunidades, como lecciones para poder progresar y siempre tendrás fe en un futuro mejor. Si no crees en Dios, por mucho que tengas, por placeres que disfrutes, tu vacío cada vez será mayor, tu intolerancia y tu egoísmo crecerán, tus miedos te condicionarán y, por muy humanista o animalista que seas, habrá en ti un punto de amargura que no lograrás superar.

Somos energía y Dios es la luz que nutre esta energía. Si desconectamos de su presencia, iremos apagando nuestra luz hasta que la oscuridad guíe nuestra ceguera.

Ya es hora de que hablemos claro, de que abramos los ojos y nos dejemos de tanto «buenismo», de tanta hipocresía y de tanta falsa permisividad.

No se trata de juzgar, no se trata de criticar ni de señalar. Simplemente se trata de describir una realidad que estamos sufriendo toda la humanidad.

He estado muchos años estudiando y practicando técnicas de meditación, filosofía Zen, crecimiento espiritual y técnicas energéticas para la sanación. Por eso puedo decir con conocimiento de causa que muchas de esas prácticas alimentan el ego espiritual, convirtiéndolo en más doloso que el ego material.

Nadie está en posesión de la verdad, nadie puede hablar en nombre de Dios, puesto que el mismo Moisés, en su tabla de los diez mandamientos, nos pide no utilizar el nombre de Dios en vano y Jesucristo nos recuerda que: muchos vendrán en mi nombre y querrán engañaros para guiaros por el camino del mal. Así pues, el que tenga oídos que oiga y el que quiera continuar viviendo en la oscuridad de la sordera que acepte sus consecuencias.

Quiero compartir estas reflexiones para que puedan inspiraros tanto como lo han hecho conmigo.

La felicidad

¿Cuántas veces llegamos a confundir la felicidad con el bienestar? Si reflexionamos un poco al respecto, nos daremos cuenta de que el bienestar va unido al placer, a la comodidad, a estilos de vida que nos hacen sentir distintos, superiores o privilegiados. Pero la verdadera felicidad solo nace del corazón y, para poder disfrutarla, debe de anidar en él la semilla del servicio, de la empatía, de la compasión, del amor. Cuando actuamos bien, cuando ayudamos a los demás, nos invade una sensación de plenitud que no se puede comparar a cualquier placer que provenga del bienestar. Una calma en el alma, una sensación de utilidad, de conexión incomparable con cualquier otra sensación.

Reflexiona por un momento: ¿pones amor en lo que haces?, ¿te implicas en lo que emprendes?, ¿compartes con ganas de aportar lo mejor de ti?

Es importante que tomemos conciencia de nuestra realidad y que trabajemos en potenciar nuestras cualidades. Para ello, hay que identificar todo lo que nos provoca negatividad y nos invita a errar, y ser capaces de apartarlo de nuestra vida.

No mientas, no jures en falso

Cuando hables, hazlo desde la sinceridad, con sencillez, sin suspicacias ni juramentos. Tus palabras han de transmitir humildad, sinceridad, lealtad y fidelidad a los que te rodean. La hipocresía es detestada por el Señor, las mentiras son las herramientas de Satanás y la puerta de entrada de toda la negatividad.

Para el odio y la violencia la única respuesta es el amor.

Reza por las almas oscuras y por aquellos que te quieren mal

Debemos ser portadores de paz y de bondad. El mal solo alimenta el mal. Si trabajamos el corazón para sembrar amor, perdón y compasión, nuestros actos serán guiados por la bondad y esa será la única herramienta que podrá erradicar el mal. Todo el que te critica, te envidia, te desprecia y te ataca es quien debe tener tu compasión y por quien debes rezar. Solo así lograrás aportar paz, calma y bondad a este mundo de tinieblas.

Haz siempre el bien

No lo hagas con la intención de ser alabado, respetado o admirado. Haz el bien de forma anónima, sin buscar protagonismos, sin querer reconocimiento. No seas hipócrita como los fariseos. Que solo Dios vea el amor que pones en los actos que realizas. Tu bondad debe nacer de tu corazón, de forma innata y natural, sin esperar respuestas ni ser visto por nadie, ni siquiera para ser considerado por Dios.

Por lo tanto, si quieres ayudar a que tus actos sean guiados por la bondad, aparta tus ojos de lo malo, no pierdas ni un instante en lo que no está bien, en observar o contemplar lo que no es bueno.

Ora cada día

La oración no es un discurso a modo de repetición que debemos realizar por obligación. La oración no forma parte de unos deberes que debemos hacer pronto y rápido antes de ir a dormir.

La oración ha de ser consciente, desde el corazón y desde la ilusión de compartir ese momento con Dios. La oración es vibración y, cuando esta vibración es pura, alimenta la energía divina y te otorga los dones de la gracia de Dios. El campo, ese espacio infinito que contiene al universo, es el lugar donde se genera toda la energía que inspira la creación, que crea y que todo lo anima, necesita de nuestros rezos para ir creciendo y aumentando su vibración. Por eso es tan importante rezar desde la fe, desde el amor, desde el corazón.

Procura no juzgar ni criticar

El juicio y la crítica implican falta de amor, falta de comprensión. La crítica endurece tu corazón, te hace cínico, escéptico, sarcástico y todo ello impide que la sensibilidad inspire tu vida y tu compasión.

No censures ni critiques a los demás, al contrario, intenta conocerlas, comprenderlas y justificarlas. Sé misericordioso. Tal y como observes a los demás, serás observado; tal y como enjuicies a los demás, serás juzgado.

La aceptación es la clave de una vida en paz, de una vida que permite actuar el amor y vivirla con alegría.

Si llenamos nuestra vida de misericordia, desaparecerá todo lo que no estuviera alineado con el amor. Podremos conectar con la energía del perdón y con la alegría del compartir. Es muy sencillo ver lo que a nuestros ojos está mal, es muy fácil criticar, destruir y descalificar. Lo importante es aprender a comprender a los demás, ayudar en la medida de lo que podamos y, si alguien nos resulta realmente complicado, lo mejor será apartarnos y dejarlo correr. El amor hacia nosotros mismos ha de ser suficiente como para ayudarnos a discernir dónde invertir nuestros esfuerzos y nuestra energía.

Píldoras inspiradas en las enseñanzas de Jesús

- Alégrate: deja de poner gravedad a todo lo que sucede en tu vida, deja de preocuparte por lo que te acontece, alégrate de ser hijo/a de Dios y confía en su mediación. Habla con Dios, con la Virgen, con Jesucristo o con el Espíritu Santo, transmíteles tus preocupaciones y pídeles su mediación. Alégrate porque así sucederá. Dios siempre responde a quien le pide desde el corazón.

- Abandona los miedos: no te alteres. El miedo y el amor vibran en el mismo plano, pero con frecuencias distintas. No permitas que el miedo bloquee la manifestación del amor y verás cómo los milagros existen.

- Hágase tu voluntad: en los momentos más complicados, en la incertidumbre más intensa, dame, señor, la fortaleza para confiar y decir sí a tu voluntad. Solo desde la total confianza mi fe se manifiesta; solo desde la convicción de tu presencia siento la esencia de lo divino actuar.

- Enséñame, Jesús: desde el camino de tu sufrimiento, desde tu cruz, enséñame a saber gestionar mis tribulaciones, mis miedos y mis dependencias. Ilumina mi ser y dame humildad para aprender, docilidad para adaptarme y conocimiento para saber comprender.

- Señor, no soy digno, señor, no soy digno de recibir al Espíritu Santo, ilumina mi corazón para que conecte con la humildad y el amor de Cristo, que una palabra tuya limpie mi alma y perdone mis pecados.

- Señor, permite que mi corazón conozca tu voluntad, que me muestre con humildad la grandeza de tu amor, que me inspire el saber compartir lo mejor de mí mismo, que me ayude a servir sin esperar nada a cambio y me de la fortaleza para no sucumbir a los cantos de sirena de la ilusión material.

- Dame fe: señor no permitas que pierda mi fe, aumenta mi amor en ti. Que sepa identificar el propósito de mi vida y que sea siempre fiel a tu voluntad.

- Comprender la ignorancia de los demás es perdonarles sus errores y ser paciente con su nivel de evolución. Cuanto más seamos capaces de comprender y de perdonar, mayor será la energía del amor en nuestro corazón.

29

Resta gravedad a cada experiencia y disfruta de cada momento

No importa si crees que existe el destino o no lo crees, no importa si tienes en tu entorno personas que solo buscan competir, compararse, ser mejores que tú o que están cerca de ti para poder sacar algún beneficio. Solo céntrate en cómo puedes ser mejor, cómo puedes vibrar más alto y desprender armonía, aportando valor a este mundo.

En este mundo sobra gente «enferma» por un ego alterado, un corazón ignorado o una mente demasiado dominante.

Ignoramos que estamos en un mundo gobernado por las fuerzas de la oscuridad, nos suena a ciencia ficción o a cuento de niños, pero en realidad hay una negatividad que busca nuestro fracaso, utilizando la mentira, la tecnología y las conspiraciones para generar miedos, enfrentamientos y desencantos que nos hagan vivir desde el consumismo y el egoísmo.

Hay países que adoran al becerro de oro, que te valoran por lo que ganas, por tus éxitos y que silencian y maltratan a los seres que luchan por las libertades, por los derechos humanos, por la paz y por un mundo más ecológico y respetuoso con el medio ambiente.

Hemos olvidado que la tierra no es solo nuestro hogar, sino que es el hogar de miles de especies animales y vegetales, que deberíamos buscar el equilibrio entre la tierra y el mar y que ningún continente merece ser el vertedero de otro.

Hemos dado por sentado que la raza aria es superior a las demás etnias, y que solo nos hemos interesado por los otros cuando en sus manos han estado los votos de nuestros políticos.

Vivimos un mundo bipolar, donde con dinero puedes conseguir el poder que desees y que las leyes se supeditan a determinadas variables generadas por los poderes políticos y financieros.

Sodoma y Gomorra vivieron la misma ilusión, pero pagaron por su corrupción: fueron reducidas a cenizas la noche del 29 de junio de 3.123 a. C.

Hoy en día vivimos circunstancias muy parecidas a las de aquellas cinco ciudades (Sodoma, Gomorra, Admá, Zeboím y Bella) del estado del valle de Sidim, en el mar Muerto, que fueron destruidas por su iniquidad, falta de moral, crueldad y agresividad.

La historia de la humanidad está llena de capítulos de crueldad, maltrato, violencia, agresividad sin sentido, crímenes, abusos, violaciones, aberraciones, homofobia, machismo, pederastia, zoofilia, robos, estafas, y un largo etcétera de atrocidades. Y hay personas que creen que si Dios existiera nada de esto sucedería. Tienen razón en algo: si Dios impusiera su ley del amor, esto sería totalmente inviable, pero no tienen en cuenta que todo lo anterior se da porque no se cumple la ley de Dios, sino la del hombre y la que Satanás infunde en el ser humano. Estamos en un mundo cuyo príncipe es Satanás (Lucifer expulsado de los cielos), bajo unas condiciones que buscan ponernos a prueba y demostrar a Dios que somos fruto de un error.

Dios nos da su bendición, su apoyo incondicional y nos permite usar la ley del libre albedrío. Dios sabe lo que es bueno y lo que no lo es. Dios sabe que pase lo que pase podrá solventar cualquier error, calmar cualquier dolor, recuperar cualquier desesperación…, pero debe permitirnos crecer, debe permitirnos caer y animarnos a volvernos a levantar. De ahí la función de la Fe. De ahí la entrega que nos hizo de sí mismo en forma de hijo de Dios, regalándonos la oportunidad de conectar con su luz a través de su energía más pura y potente: la inspiración del Espíritu Santo.

Y para mostrarnos que Dios no tiene sexo, ni género ni predilección, nació del vientre de María, una mujer de elevada vibración, enorme devoción, fiel, honesta, compasiva, amorosa, respetuosa, servicial, fuerte y determinada. Una mujer que supo acompañar a su hijo, sabiendo lo que iba a sufrir y que lo vería morir en la Cruz. Todo ello, sin la compañía ni el consuelo de Dios, puesto que esa era una gran prueba de Fe, tanto para ella, como para su hijo.

María no tentó a Jesús para que abandonara su misión, no se erigió como víctima de una tremenda injusticia ni buscó la complacencia de nadie. María tuvo coraje y determinación, tuvo una fe inquebrantable y cumplió la voluntad del Padre hasta el último momento.

Satanás intentó influir en la memoria de la humanidad haciendo creer que María era una ultranacionalista judía, que se enfadaba con Jesús por el compromiso de este con Dios. María no tuvo más hijos, ni José la repudió, todo lo contrario, la reconoció como madre de Dios y el respeto y admiración fueron tan grandes, que nunca su amor utilizó las vibraciones más primarias para transmitirle su querer.

Intentó desvirtuar también la imagen de María Magdalena, a la que la iglesia católica definió como una prostituta poseída, pero lejos de la realidad, María de Magdala era una mujer refinada, leal, de gran fe y exquisita formación. Una mujer incondicional que acompañó al maestro en todo su peregrinaje. Seguramente estuvo en la última cena y acompañó a Jesús en sus momentos más duros. María supo amarle sin condiciones, sin la pasión del deseo, sin la posesividad que estos despiertan.

Pero la mente crítica, viciada por Satán, no permite comprender lo que es el amor de verdad y utilizan el falso moralismo para condenar todo tipo de amor que no obedezca a sus intereses.

Recordemos que una cosa es el amor y otra la genitalidad. Es decir, una cosa es el amor entre dos seres y otra es la búsqueda de placer, que está condicionada al egoísmo, a las dependencias, al hedonismo, a la vacuidad o a trastornos de la personalidad.

El amor no tiene sexo, pero la personalidad, sí. Y cuando entran los egos, traen con ellos las filias y las fobias, los instintos y las pasiones, generando energías viciosas que encadenan la energía del ser y la condicionan a vibraciones de baja intensidad.

Enseñemos a amar y lograremos un mundo donde la verdadera libertad reinará, puesto que el respeto, el servicio y la comprensión gobernarán las relaciones.

30

Lo que de verdad importa

¿Nos hemos preguntado alguna vez qué es lo que realmente nos importa? ¿Nos hemos parado a reflexionar sobre cuáles son nuestros valores, sobre lo que consideramos prioritario en nuestra vida de cara a sentir la sensación de plenitud?

Cuando una persona cae al agua en una tempestad y se está ahogando, lo único que importa es respirar, no hay otra prioridad, no existe nada más que el poder sacar la cabeza del agua y respirar. Pero, cuando tenemos la respiración asegurada, cuando nuestros sentidos están bien, cuando estamos saciados y no tememos por nuestra supervivencia, ¿qué es lo que realmente importa? O, mejor dicho, ¿qué nos hace sentir felices? Y digo felices, no satisfechos, o colmados de placeres resultado de exquisitos ágapes o bebidas espirituales. Puedo asegurar que todo lo que no sea «servir» a los demás, ayudar a otras personas, entregar nuestro amor a una causa, no nos aportará esa mágica sensación que nos conecta con el amor. Hay miles de libros que hablan sobre la inteligencia emocional, sobre las X, Y, Z claves para alcanzar la felicidad, pero solo transmiten verdad los que han estado escritos bajo la energía del corazón. Bajo la inspiración de un alma con propósito de servir desde el compartir.

Muchas personas entran en el mundo espiritual víctimas de desengaños, o de experiencias traumáticas y, muchas de ellas, cuando superan los problemas que los llevaron a tener inquietud por estos temas, se vuelven altivas, vanidosas o prepotentes.

Todo lo que han sentido y aprendido, el ego lo ha utilizado, apropiándoselo, y convirtiéndose en su peor versión debido a la vanidad y al orgullo.

Aprendamos a dar valor a lo que realmente lo tiene, no esperemos a perderlo cuando ya no lo tengamos.

Un ejemplo de la vida real que me viene a la mente es el de las frases que nos vienen cuando nos enteramos de un fallecimiento o de la noticia de que alguien conocido ha sido diagnosticado de una enfermedad terminal o grave.

Creo que son frases que todos hemos escuchado o reproducido, ¿no?

La vida son dos días, hay que disfrutarlos.

Cuando menos te lo esperas, ya ves, se acaba todo…

Hoy estamos y mañana no lo sabemos.

Hemos de aprender a disfrutar y a dejar de preocuparnos por tonterías…

Que no nos pase lo mismo, a ver si aprendemos de estas experiencias…

La vida continúa con o sin nosotros, aunque nosotros continuemos con otras formas y en otros mundos. Pero lo que sí es seguro, al menos desde mis creencias, es que nuestra alma se va con las experiencias grabadas en su memoria y que la calidad de esas experiencias saldrá la sustancia que nos ayudará a crear nuestra siguiente vida. Las posesiones, el dinero, los títulos y lo que pudiésemos tener en el plano material, seguro que no nos acompañarán en la siguiente existencia. Vivamos de forma que todo lo que consigamos, que todo lo que tengamos nos aporte experiencias vitales positivas, vivencias dignas de ser recordadas, acciones que hayan aumentado nuestra vibración y, sobre todo, actos de servicio hacia los demás, desde la compasión y la humildad.

Aunque podamos vivir muchas vidas, la actual será única e irremplazable, por lo que intentemos vivirla desde la implicación y desde la conciencia. Un segundo vivido desde la ira o el odio puede arruinarnos años de experiencias y de nuestra vida.

Vivir el ahora es vivir desde la plenitud de los sentidos, desde la plenitud de conciencia de lo que hacemos y del porqué lo hacemos.

Todas las personas cometemos errores, yo mismo si pudiese volver atrás en el tiempo cambiaría muchas de mis decisiones, me implicaría mucho más en ciertos aspectos de mi vida y no dedicaría mi tiempo a personas que no lo merecían. Tendría más paciencia con mis padres, habría evitado muchas discusiones y borraría muchas palabras que cuando las recuerdo me hacen sentir realmente mal. Pero todo está hecho y sucedió en el momento en que sucedió y como sucedió por alguna razón y entre ellas estaba la razón de mi crecimiento personal y de mi aprendizaje.

Vive y deja vivir, es una frase que me encanta porque implica respeto y responsabilidad, aunque muchas veces también digo la de vive y deja morir, porque no podemos empeñarnos en perpetuar algo o a alguien que ya ha cumplido su misión. Tenemos demasiado apego a la vida y todavía más miedo a la muerte, cuando esta es tan natural como la vida misma y es el mismo proceso que el nacimiento, pero en una dimensión distinta.

Si pudiéramos ser capaces de vivir desde la alegría, seguramente lograríamos erradicar mucha de la gravedad que conforma nuestras vidas y seríamos capaces de lograr muchas más cosas de las que hacemos, porque la actitud determina nuestro destino y la calidad de nuestros logros.

A mí, lo que en verdad me importa es poder vivir una vida auténtica, una vida inspirada en la energía que Dios nos ha regalado, desde el agradecimiento, desde la humildad y desde la perfecta salud, es decir, desde una actitud que esté alineada con mis pensamientos, mis sentimientos y mis acciones. No he venido a este mundo a estar de vacaciones, pero tampoco a ser esclavo de nada ni de nadie. Necesito sentir que lo que hago tiene un sentido y que puedo contribuir al bienestar de los demás, porque eso hará que yo me sienta bien.

Identifica tus valores, lo que realmente es importante para ti. Define lo que deseas en la vida y ve a por ello. No permitas que nadie interfiera en tus propósitos ni te dejes condicionar por costumbres, tradiciones, normas u obligaciones que no hayas acordado previamente.

31

Enseñanzas de Jesús
en el sermón del monte

Las bienaventuranzas son una serie de declaraciones que describen las características de los que son bendecidos. La idea de bienaventuranza está relacionada con la bondad de la vida. No siguen los valores del mundo, no se fijan en la riqueza ni en los bienes, sino en la pureza del corazón y en la bondad de las personas. Son algo más que un código ético, sino una transformación del corazón del ser humano.

Bendice a los que lloran, a los perseguidos, a los incomprendidos.

En ellas se reclama humildad y conciencia de nuestra necesidad de conocimiento espiritual. La arrogancia y la autosuficiencia nos apartan de la caridad humana.

La honestidad interna sobre nuestras faltas y redenciones nos hace dignos y nos prepara para poder mejorar. La humildad implica que somos conscientes de que necesitamos de Dios y nos permite tratar a los demás con compasión, amor y comprensión.

Reconocer y rezar por el pecado (por lo que hemos hecho mal) nos ayuda a conectar con la compasión y el consuelo de Dios. Es un proceso doloroso, pero transformador.

Una disposición controlada y serena nos ayuda a ser pacientes y comprensivos. La virtud de la mansedumbre nos acerca a un nivel de vibración mayor, por lo que nos alinea a la historia redentora de Jesús. La mansedumbre implica la renuncia a la lucha y a la violencia ante acciones injustas hacia nosotros. Es una cualidad que nos ayuda a crear una atmósfera de armonía.

Hambre y sed de justicia: refleja la importancia de buscar la justicia divina, renunciando a tomarnos la ley por nuestra voluntad. Vivimos en un mundo marcado por la injusticia, la avaricia y la manipulación, por lo que, si realmente queremos vivir desde la justicia divina, debemos de renunciar a los sentimientos de venganza, ira o resentimientos.

La verdad siempre aparecerá, y lo hará en el momento oportuno. Sin impaciencia, sin ganas de vengarnos.

La misericordia: revela un principio fundamental en la enseñanza de Jesús. Implica actuar con bondad y perdón hacia aquellos que no lo merecen, buscando restar sufrimiento y gravedad.

Lo que damos, recibimos. Si mostramos una actitud que busque actuar las condiciones que Jesucristo proclamó, seremos dignos de recibir los dones de Dios.

Todos necesitamos compasión y perdón en algún momento.

La pureza de corazón: la importancia de la pureza de corazón en la vida espiritual. Implica una genuinidad interna, libre de egoísmo y de deseos impuros.

Implica una transformación desde adentro en busca de una conexión con la justicia y el amor divinos.

Es una forma de eliminar el egoísmo, la mentira y cualquier pensamiento impuro.

Es una forma de potenciar el discernimiento espiritual.

Pacificadores: los seres que buscamos la paz y la reconciliación. Seres que reflejan la naturaleza y el carácter divino.

La paz no es la ausencia de conflicto, sino la búsqueda de justicia. Implica una sociedad basada en el bienestar, la armonía y la comprensión.

Los pacificadores son líderes en la resolución de conflictos.

Cumplimiento de la ley: Jesús subraya la importancia de vivir una vida conforme a los preceptos dados por Dios.

Su enseñanza va más allá de la obediencia externa, sino que remarca la importancia de cultivar los pensamientos bondadosos y armónicos, evitando los pensamientos destructivos y negativos.

Resalta la importancia de la misericordia en el cumplimiento de la ley de Dios.

La importancia de la reconciliación y del perdón: resalta la importancia de que la armonía regule las relaciones, evitando rencores y enfrentamientos. Nos recuerda lo negativo de la enemistad, de los resentimientos y resalta la importancia del perdón incondicional.

Los malos pensamientos, incluido el enojo sin causa, son causa de negatividad en la vida, por lo que tenemos que evitar las críticas, los insultos y el enfado. Recomendando dar los pasos necesarios para resolver cualquier enfado o contrariedad.

Adulterio: hay que cuidar los pensamientos y deseos internos, puesto que, si deseamos desde el pensamiento, estamos afectando la calidad de nuestros pensamientos y de nuestros valores.

Debemos asumir la responsabilidad de nuestros deseos y pensamientos internos.

El deseo lujurioso nos indica un problema en la calidad de vibración de nuestra alma. Hay que evitar las condiciones que nos puedan incitar a potenciar los deseos generados por los instintos.

Los pensamientos que incentivan la infidelidad en nuestra mente también influyen en la integridad de nuestro ser.

La importancia de cumplir los juramentos hechos en nombre de Dios y recomienda evitar los juramentos. Indicando que nuestras palabras deberían estar basadas en la honestidad y la verdad, con lo que evitaríamos los juramentos. Así evitaremos la utilización de las palabras para manipular a los demás.

La verdad es un valor fundamental en el reino de Dios.

32

¿Podemos cambiar el destino?

La neurociencia nos dice que podemos cambiarlo todo en nuestra vida, nos indica que desde los hábitos vamos modificando comportamientos, que inciden en nuestra personalidad y que esta incide en la creación de nuestra realidad.

La vida inconscientemente nos va creando «anclas» que condicionan nuestra actitud. Es decir, de una buena experiencia nos queda un buen recuerdo y este nos genera un refuerzo positivo que nos lleva a repetirlo o a buscarlo de nuevo, y, al contrario, una mala experiencia nos crea un rechazo a determinadas prácticas o escenarios, con lo que intentaremos evitarlas. Por lo tanto, la fórmula se esconde en aquello que nos aparta del dolor y nos acerca al placer, o, dicho de otra forma, nos intenta evitar experiencias negativas y se esfuerza por crearnos otras de positivas.

Hay una forma natural de trabajar para reforzar los estímulos positivos y evitar los negativos.

Es muy importante que nos centremos en lo que realmente deseamos y en elaborar una estrategia que nos permita alcanzarlo, ya sea a corto, medio o largo plazo. Seguramente al diseñarlo nos aparezcan argumentos que nos impiden el logro o que intenten desanimarnos. Estos serán los boicoteadores que el «ego» nos envía, con la función de poner a prueba nuestra determinación.

Utilicemos los anclajes que nos proporciona la programación neurolingüística: asociemos un fuerte dolor o sensación desagradable a permanecer soportando lo que no deseamos y asociemos una sensación de bienestar y alegría a la decisión de cambiar. Por eso la PNL (programación neurolingüística) nos recomienda cambiar los «debería» (un condicional que siempre boicotea) por un «voy a hacerlo» o «me comprometo a hacerlo»…

Lo fundamental es tener una razón suficientemente importante como para desear el cambio o la fe necesaria para que nos aporte el plus de valor para realizarlo.

Muchas personas no se atreven a iniciar el proceso del cambio por miedo al dolor que pueden sufrir, sin contemplar los beneficios que podría aportar ese cambio.

Dadme una palanca lo bastante larga y un punto de apoyo lo bastante fuerte, y moveré el mundo con una sola mano.

ARQUÍMEDES

Focalizar: es una palabra que en inglés tiene mucha fuerza e implica acción que nace de la observación y la concentración. Como decía Einstein, no podemos esperar resultados distintos haciendo siempre lo mismo.

Desear algo nuevo o un cambio importante y actuar como siempre es muy contradictorio. Tenemos en nuestro interior todos los ingredientes para lograr el cambio que nos pide nuestro ser. Lo único que tenemos que hacer es escucharnos y cultivarnos en aquello que necesitemos mejorar.

Introducir pequeños cambios en nuestra rutina, dar rienda suelta a la creatividad y atrevernos a hacer cosas distintas nos ayudará a lograr lo que deseamos y a cambiar los hábitos perniciosos que nos mantienen esclavos de la rutina.

Aquello en lo que enfocamos la atención se convierte en el «mapa» de nuestro paisaje, que muchas veces no tiene nada que ver con la realidad del territorio donde vivimos. De ahí que muchas veces distorsionamos la realidad sin quererlo.

Hay personas que son muy poco constantes, que se cansan enseguida de todo, que procrastinan, que dejan los proyectos antes de finalizarlos, y todo ello son facetas del ego que boicotean nuestros éxitos. La constancia se consigue a base de voluntad y la voluntad se refuerza con la toma de conciencia.

Hay que tener claro lo que queremos alcanzar e ir poniendo metas alcanzables, con el fin de no desanimarnos. A medida que vamos logrando «etapas» de nuestra «ruta», nuestra confianza, nuestro ánimo y nuestra convicción se van reforzando.

Muchas veces, para poder romper una rutina, se empieza con dejar de hacer algo y buscar una alternativa y condicionarla hasta que sea consistente. Por supuesto, esta nueva práctica deberá estar alineada con nuestro bienestar y con estímulos positivos.

No hay nada que el entrenamiento no pueda conseguir. Nada está fuera de su alcance. Puede transformar la mala moral en buena; destruir los malos principios y recrear otros buenos; puede elevar a los hombres al rango de ángeles.

MARK TWAIN

Cuando conectamos con la motivación, se activan todos los resortes de nuestro ser para poder lograr lo que deseamos. No hay herramienta mejor que el desarrollo personal, el conocernos, aceptarnos, tener una buena autoestima y saber lo que tenemos que hacer para ir transformando nuestras debilidades en fortalezas.

Cuando logramos asentar los cambios deseados, tenemos que cuidarlos y seguir incorporando modificaciones que nos mantengan siempre activos y nos permitan ser seres proactivos.

La buena gestión emocional nos permite optimizar nuestros recursos y evitar interferencias externas.

Sabemos demasiado y sentimos muy poco. Al menos, sentimos muy poco de esas emociones creativas de las que surge una buena vida.
BERTRAND RUSSELL

La comunicación es esencial en toda relación y, sobre todo, en la relación contigo. Las preguntas nos ayudan a conectar con detalles que, sin esa comunicación, podrían escapársenos.

Reflexiones que se formulan en forma de preguntas nos ayudan a clarificar el escenario que estamos a punto de vivir. Preguntas como ¿qué implica este problema en mi vida?, ¿qué es lo que debo mejorar actualmente?, ¿qué estaría dispuesto a hacer para lograr mis objetivos?, ¿a qué estaría dispuesto a renunciar para lograr lo que deseo?, ¿cómo puedo conectar con la confianza suficiente para no caer en el miedo y la incerteza que genera la duda?

Si lo que quiero hacer no funciona, ¿qué alternativa tengo preparada?

Todas estas preguntas han de servir para prepararme a disfrutar del viaje, de la experiencia, del proceso.

Cuidemos nuestra forma de expresarnos, la calidad de nuestras palabras, los juicios que compartimos y las realidades que decretamos. Sin duda, serán claves a la hora de cocrear nuestro destino.

A veces, el destino se parece a una pequeña tempestad de arena que cambia sin cesar. Tú cambias de rumbo intentando evitarla. Y entonces, la tormenta también cambia de dirección, siguiéndote a ti.

HARUKI MURAKAMI

Es importante ser consecuentes con quienes realmente somos. Nuestro carácter marcará nuestro destino, por lo que tenemos la obligación de conocernos y de invertir en sacar nuestra mejor versión. Lo que piensen los demás de nosotros nos podrá servir para acciones puntuales, pero no nos servirá para crecer como personas.

33

El trabajo del Dr. Manel Sans Segarra

El Dr. Sans Segarra es un investigador de prestigio que ha reunido cientos de casos de pacientes con experiencias cercanas a la muerte.

De forma seria y con método científico ha podido constatar que después de la vida hay otra vida, una existencia que nos hace eternos. Su trabajo, que explica en la obra *La supraconsciencia existe. Vida después de la vida*, corrobora el trabajo de médicos como Brian Weiss (*Muchas vidas, muchos maestros; Lazos de amor*), Álex Raco (*Qué se siente al morir*), Stéphane Allix (*La muerte no existe*), Elisabeth Kübler-Ross (*Vida después de la vida*), Raymond A. Moody (*Vida después de la vida*) y de cientos de autores más que coinciden en que somos cuerpo materia, mente con capacidad intelectual, pero algo más que trasciende lo material y nos une a una energía superior que crea y rige el funcionamiento de todo.

El Dr. Segarra nos dice que hoy podemos demostrar la existencia de una existencia primera, de una inteligencia primera, de una conciencia primera, de una energía primera que generó el fenómeno denominado *big bang* (que ha habido varios, según los últimos estudios de la ciencia) y que generó la vida en la Tierra hace más de cuatro mil quinientos millones de años. Nos habla de la supraconciencia, un concepto que identifica con el alma del ser y con la energía que todo lo crea y gestiona. Nos dice que tenemos pruebas de la existencia de Dios y de que se manifiesta en nosotros a través de esta supraconciencia.

Hay millones de casos de ECM (experiencias cercanas a la muerte) que no tienen nada que ver con las alucinaciones. Y puede asegurarlo porque está corroborado por pruebas médicas como, por ejemplo, las resonancias magnéticas funcionales.

En diversas entrevistas nos comenta que cada vez es más evidente la existencia de Dios, aunque no entra en conceptos religiosos ni en cuestiones de fe.

Sobre el destino, numerosos estudios y experiencias nos confirman que vamos a morir todos. Aunque la auténtica identidad, la que nos hace auténticos y que es totalmente holística, perdurará para siempre.

Lo bonito es que jóvenes de la generación Z, como NUDE Project, se interesaron por entrevistarlo. Una entrevista entrañable donde nos comentó la existencia de la reencarnación, comentando experiencias a través de la ECM, donde pudo apreciar cómo cientos de pacientes comentaron vivencias totalmente demostrables y contrastables, que le hicieron investigar, consultando con otros profesionales, con el fin de contrastar dichas experiencias.

El Dr. Sans nos comenta que la muerte es un tránsito, que somos seres de tres dimensiones, pero que en realidad existen once dimensiones, dimensiones que interactúan con nosotros.

También nos confirma que clínicamente hay casos que registran vidas después de la muerte, lo que entendemos como la reencarnación. Nos comparte experiencias de personas que, sin conocer un país, al visitarlo, describen escenarios con detalles muy precisos y que estos pueden ser comprobados de forma práctica.

Nos comenta que es muy frecuente que los seres que experimentan estas situaciones aluden a que no hay nada parecido en el mundo material, ni sensaciones tan placenteras como las que se viven en este tipo de experiencias.

Es curioso observar cómo estas teorías continúan despertando tanto interés, generando debate y todas las controversias que se generan al hablar de estos temas. Sin duda, hay mucho miedo condicionando a los egos y muchos prejuicios que no facilitan la apertura mental que precisa cambiar paradigmas. Incluso médicos y científicos son esclavos de un método científico que no puede explicarlo todo, puesto que no tiene herramientas para poder analizarlo.

También es curioso comprobar que la Iglesia o las religiones han generado tantos recelos y anticuerpos, que mucha gente no quiere ni escuchar hablar de Dios ni de creencias, cuando Dios no tiene nada que ver con esos personajes fanáticos, radicales o sumamente estrictos. Han sido los hombres y sus limitaciones las que han generado actitudes equivocadas, las que no han sabido transmitir la esencia del mensaje de Amor que Cristo compartió.

Una curiosidad: si tenéis acceso a medios de IA (inteligencia emocional), pedidle qué haría si fuera Satanás y quisiera apartar al ser humano de Dios y de su mensaje. Es curioso, porque es justo lo que está aconteciendo en nuestra sociedad.

34

Conclusiones nacidas de la reflexión, la meditación y el estudio

El destino existe, es una realidad tangible. Comparto la visión de que nuestra actitud influirá en los escenarios de nuestra vida, aunque todo dependerá de la calidad e intensidad con la que nuestro destino esté definido. Por ejemplo: hay personas que son positivas, amorosas, de hábitos más que saludables, que hacen ejercicio, cuidan la alimentación, no tienen «vicios», ayudan a los demás en todo lo que pueden, se implican en aquello que hacen… y, sin saber razón aparente, enferman y nos dejan.

Podremos dar mil explicaciones o podremos llegar a conclusiones más o menos lógicas, pero la única respuesta será que el destino estaba firmado.

Gente que cae de un quinto piso y solo sufren pequeños rasguños y otras que tropiezan en la calle y al caer se dan un golpe y… se van de este mundo.

Otro tema importante es que el destino va muy ligado a nuestras experiencias vitales o lo que es lo mismo, a nuestro aprendizaje. Por ello, si no aprendemos la lección, estaremos condenados a repetirla. Un ejemplo: tenemos una relación amorosa problemática, rompemos la relación y en lugar de aprender la lección nos anclamos en el resentimiento y en la culpa. Al cabo de un tiempo nos comprometeremos en otra relación y sin darnos cuenta, estaremos repitiendo patrones, seguramente más intensos y dolosos que en la anterior relación... y si no aprendemos la lección, nos separaremos y en la siguiente relación la factura será todavía mayor.

Todos los seres humanos nacemos con una carga enorme. Se llama «ego», formado por la herencia, por el carácter que vamos diseñando, ayudados por la educación recibida, las experiencias compartidas y las influencias de nuestro círculo más íntimo. Y todo ello nos comportará una carga energética que afectará a nuestra frecuencia y vibración, con lo que directamente iremos diseñando la hoja de ruta de nuestro destino.

No podemos castigarnos ni criticarnos constantemente. Hemos de aprender a aceptar los errores o si queremos decirlo de otra forma, aquello que podríamos haber hecho mejor, pero siempre desde una perspectiva de mejora continua, de análisis positivo con el fin de conectar con nuestra mejor versión.

La vida es el equivalente a un curso escolar (cada uno en su nivel) y como tal, conlleva momentos positivos y otros negativos, pero si la afrontamos con buena actitud: curiosidad, humildad, bondad y un toque de ingenuidad (el necesario para no convertirnos en suspicaces o malpensados), lograremos obtener réditos muy positivos de la experiencia.

Todos somos uno, o una, me da igual, pero de lo que sí estoy convencido es de que cuando aportamos valor a los demás, nos lo estamos aportando a nosotros mismos y cuando hacemos daño a otras personas, al final nos estamos dañando.

La verdadera felicidad va unida a un buen nivel de conciencia y al servicio que podemos aportar a los demás. Todo lo demás son mentiras, falsas creencias, engaños, ilusiones o puros espejismos.

Emulando a Josep Guardiola, diré que Satán es el «puto amo» de estas estrategias.

Sé que hablar de Dios, de creencias y de prácticas espirituales puede generar mucho rechazo, pero siento que es mi propósito y, como tal, está por encima de las consecuencias, del éxito o de cualquier otra variable que queramos contemplar. Por ello, he de concluir que tomar conciencia de nuestra parte espiritual, de la fugacidad de la vida terrenal y del valor de la oración, son aspectos fundamentales para poder construir una vida con sentido, que aporte valor a los demás e inspire credibilidad.

Incorporar la oración a vuestra vida aportará valor, sin ninguna duda. Primero porque serán instantes de interiorización, segundo porque nos ayudará a reflexionar, tercero porque con la constancia nos ayudará a priorizar lo importante y a alejarnos de lo trivial. Tercero porque iremos comprobando cómo nuestra realidad va cambiando y podremos llegar a sentir la influencia de Dios.

El universo es infinito y seguramente haya miles de galaxias muy parecidas a la nuestra, con sus «soles», sus «mundos» y sus «seres inteligentes y con conciencia» que también creerán en Dios y edificarán sus sociedades desde los valores del amor.

Demos gracias cada día por lo bueno y por lo menos bueno, por la oportunidad de compartir, de corregir, de aprender, de dejarnos la piel, de respirar y sentir lo que es vivir. Tomemos conciencia de lo efímera que es la existencia terrenal, de que nada de lo que acumulemos nos acompañará, de que lo único que cuenta es lo que nos aporta luz y que esa luz se crea desde el amor, la ternura, la compasión, la empatía y las ganas de compartir.

Tengamos presente que la mentira es la puerta de la oscuridad, que tras ella van la deslealtad, la codicia, la vanidad, la envidia, la ira y la venganza.

No esperemos a sufrir para acordarnos de Dios. No nos dejemos manipular por la mentira y el sentimentalismo.

No permitamos que el egoísmo nos vuelva avaros, insolidarios y altivos.

¿Qué significa despertar? Tomar conciencia, abrir los ojos a las necesidades de los demás y reconocer las bondades de Dios en todo aquello que nos rodea.

Significa defender la verdad y ayudar a los más vulnerables. Seguir las enseñanzas del apóstol Pablo cuando identificó vivir desde la verdad, la rectitud, la paz y la Fe, como vivir en conexión con «la armadura de Dios».

La vida pasará, a cada uno a su hora, y después Dios dirá. Si los agnósticos tienen razón, nadie se la podrá dar. Si los cristianos tenemos razón, podremos comprobar que el mensaje de Jesús era un mensaje de amor y esperanza.

La fe es un don, puesto que quien vive bajo su vibración, vive con más armonía y felicidad.

Dios os bendiga.

Shalom.

35

Publicaciones científicas
sobre el destino

El destino del hombre.
Johann Gottlieb Fichte. Ediciones Sígueme. Salamanca, 2011.

El autor define esta obra como un punto de inflexión en su vida y pretende que el lector saque sus propias conclusiones, asumiendo su responsabilidad. La obra se publicó en el año 1800 y la dividió en tres partes esenciales, con sus respectivos títulos de «Duda», «Conocimiento» y «Fe». La primera parte y la última se basan en monólogos, mientras que la segunda parte se centra en la filosofía, remitiendo a autores clásicos como San Agustín o Boecio.

En la obra hay un trasfondo histórico sobre acusaciones de ateísmo vertidas contra su filosofía, las cuales le obligaron a abandonar su cátedra de Jena.

Identifica el destino como el cumplimiento de la conciencia moral, que dictamina lo que nos acontecerá en nuestra existencia. Si obedecemos a esta llamada, viviremos con plenitud y encontraremos sentido y finalidad a nuestra existencia.

En su apartado «Fe» nos dice que esta es lo que puede acreditar al saber, y lo que erige en certeza y convicción aquello que en caso contrario podría ser mera ilusión.

El destino como categoría de vida.
B Parfeit-Konvergencias: Revista de Filosofía y Culturas en Diá-
logo, 59-63, 2007

En la obra, el autor nos habla del destino, pero lo define como muy difícil de predecir o identificar mientras estamos viviendo, aunque hay personas que, al tenerlo presente y buscar correlaciones, atribuyen al destino determinados lances de la vida. Pero regresando a lo que el autor nos expone, si cotejamos vida y destino, se nos mostrarán en dos sentidos distintos: desde la vida finalizada y observando con retrospectiva, podremos ver con claridad la relación de los hechos con los acontecimientos e incluso podremos observar que, habiendo distintas vías de expresión del destino, nuestras decisiones y nuestra actitud han facilitado la cristalización de cada nueva «ruta» hacia el mentado destino. Por lo que, sin saberlo, el autor está dando fuerza a la teoría de que somos actores principales en la construcción de nuestro destino, si no del desenlace, sí del desarrollo del mismo.

Introducción a la astrobiología: origen, evolución, distribución y
destino de la vida en el Universo.
Joseph Seckbach, Frances Westall, Julian Chela Flores.
Journey to Diverse Microbial Worlds: Adaptation to Exotic Envi-
ronments 2, 367-375. 2022

En este artículo, los autores nos hablan de la evolución de la vida en la Tierra, sobre el origen de esta y especulan sobre la posibilidad de la existencia de vida en otros planetas, de la distribución de la vida en el universo, en nuestro sistema solar y nos muestran una hipótesis sobre el destino de la vida en el universo.

Pese a escribir un artículo fundamentado en preceptos exclusivamente científicos, los mismos autores concluyen que para comprender el impacto de una más que probable vida extraterrestre requiere ir más allá de los preceptos de la ciencia, aludiendo de forma implícita, que no explícita, a la fe y a una visión más amplia de la creación.

Si incluyéramos textos alternativos, podríamos observar cómo cientos de autores como Brian Weiss, Caroline Myss, Joe Dispenza, Louise L. Hay, Emilio Carrillo, Claudio Naranjo, Elisabeth Kübler-Ross, Eckhart Tolle, Wayne W. Dyer, Álex Raco, Noemí Brass, y un largo etcétera nos describen de forma clara y contrastada la existencia de un destino, de un contrato previo a nuestra encarnación donde acordamos los principales acontecimientos, la misión de nuestra existencia y el tiempo que permaneceremos en el planeta.

Incluso nos describen aspectos fundamentales para ayudarnos a comprender la naturaleza infinita de Dios y los inmensos límites del universo y sus innumerables galaxias.

No sirven las excusas del tipo «no creo porque todavía no me han demostrado nada»; si no creemos, es porque no nos hemos preocupado por indagar, por ahondar en los anales de la ciencia alternativa y comprobar por nosotros mismos lo que estos nos dicen y el grado de fiabilidad de estos.

Estamos demasiado acomodados, nos creemos que tenemos todos los derechos y ninguna obligación, que los avances y los descubrimientos son cosa de los demás y nos apalancamos como si estuviéramos en un teatro o en un cine, esperando que se inicie la sesión.

Ni este libro ni ninguno nos darán las claves de la vida, pero nos ayudarán a encaminarnos si sabemos aprovechar lo que nos dicen. Y al igual que los libros, los trabajos que autores de referencia imparten, pueden ayudarnos a descubrir nuestras habilidades o conectar con nuestra verdadera esencia.

Ni este manuscrito ni ningún otro contienen la verdad absoluta, todo es relativo y en equilibrio con el nivel de conciencia que tengamos. Para Dios no hay prisa, hay comprensión y compasión, por lo que nos permite ir aprendiendo desde el error y el esfuerzo, pero lo que no tolera es la vanidad y la falta de respeto. Por ello, mientras aprendamos desde la humildad, la voluntad y la bondad, todo nos será dado.

En este mundo polarizado en el que vivimos, la energía positiva utiliza la paciencia, la voluntad, la compasión y el amor para ayudarnos en el logro de nuestros propósitos; mientras que la energía negativa utiliza la mentira, la envidia, la pereza, la ira y la lujuria para apartarnos de nuestro destino y lograr que no cumplamos con los propósitos acordados.

Una guerra sutil, que cumple con uno de los preceptos del Kybalion: «Como es arriba es abajo».

De ahí la existencia de conflictos, guerras y enfrentamientos en esta humanidad regida por las leyes de la naturaleza (los instintos).

Por todo ello, el mensaje de Cristo para la humanidad podría resumirse en una frase: «No actúes como el cuerpo que encarnas, sino como el alma que eres».

Recordemos que somos seres espirituales encarnados en cuerpos sujetos a vidas finitas, pruebas constantes y peligros continuos.

Oh, Adán, no te he dado ni un lugar determinado, ni un aspecto propio, ni una prerrogativa peculiar con el fin de que poseas el lugar, el aspecto y la prerrogativa que conscientemente elijas y que de acuerdo con tu intención obtengas y conserves. La naturaleza definida de los otros seres está constreñida por las precisas leyes por mí prescriptas. Tú, en cambio, no constreñido por estrechez alguna, te la determinarás según el arbitrio a cuyo poder te he consignado. Te he puesto en el centro del mundo para que más cómodamente observes cuanto en él existe. No te he hecho ni celeste ni terreno, ni mortal ni inmortal, con el fin de que tú, como árbitro y soberano artífice de ti mismo, te informases y plasmases en la obra que prefirieses. Podrás degenerar en los seres inferiores que son las bestias, podrás regenerarte, según tu ánimo, en las realidades superiores que son divinas.

Discurso de Dios a Adán,
oración sobre la dignidad del hombre.
Pico Della Mirandola

Conecta con la fe y tu vida se transformará.

Los valores son la hoja de ruta de nuestra personalidad. Si somos consecuentes y vivimos acordes a su esencia, la vida será mucho más amable con nuestro destino.

Índice